UNE
PRÉTENDUE FOLLE,

OU

LES HORREURS COMMISES PAR L'AMBITION, L'ENVIE ET LA PRÉVENTION :

MÉMOIRE

DE

MADAME SOPHIE MICHAL, NÉE PASCAL,

CONTRE

MONSIEUR MICHAL SON MARI,

Écrit par elle-même.

LYON.

Imprimerie Litho-Typographique d'H. BRUNET et C.,

RUE SAINTE-CATHERINE, 11.

1 MARS 1839.

« Il est peu d'amis », disait Socrate. — Moi, dans ma vive reconnaissance, je vais prouver qu'il s'en trouve encore, et même dans la moderne France.

Ayant su la grande pénurie où me laisse toute ma famille, pour publier mes malheurs, ils m'ont aidée de quelque avance.

Lecteur, plaignez cette Épouse, cette Mère, qui, pour garder son honneur, sa vie, à regret va les faire connaître.... Sauvez-la, grand Dieu ! sans perdre sa Famille !

Le poids de soixante-trois hivers.... esprit, corps, je me sens tout appressée.... par les chagrins ma vue s'est affaiblie. Sous les verrous je me suis résignée.....

Tracer soi-même sa destinée, et de nuit, pour n'être pas surprise !.... Excusez, Lecteur, le mauvais style sur la détresse de la Victime.

Délaissée, dans ses vieux jours, de son époux, de ses enfants, elle réclame son bien, ses revenus, elle réclame justice et protection pour sa vie !

UNE
PRÉTENDUE FOLLE,

OU

LES HORREURS COMMISES PAR L'AMBITION, L'ENVIE ET LA PRÉVENTION :

MÉMOIRE

DE

MADAME SOPHIE MICHAL, NÉE PASCAL,

CONTRE

MONSIEUR MICHAL SON MARI,

Écrit par elle-même.

𝒩° 1.

Aux Juges qui m'ont interrogée le 1er juin 1838 (*).

Lyon, le 4 juillet 1838.

MESSIEURS,

Monsieur Michal, mon époux, persistant à vouloir me faire interdire, soit comme aliénée ou prodigue, soit pour incapacité, ou me laisser finir ma carrière dans une maison de santé, mon honneur m'empêche d'adhérer à son premier désir, et ma sensibilité se refuse au second.

Je viens donc, Messieurs, implorer votre appui et celui des lois, qui sont créées pour soutenir l'innocent opprimé. Vous, Messieurs, qui avez été choisis pour les

(*) Cette pièce a été envoyée par duplicata à monsieur Givors, mon avoué d'office, et remise à un clerc qu'il faisait venir tous les mercredis pour prendre ce que j'avais écrit ; et il venait lui-même le dimanche converser avec moi jusqu'au moment où la Cour m'a délivrée.

faire exécuter, par votre intégrité vous me donnez l'espoir de réussir dans ma demande, à laquelle mon mari se refuse. Je ne puis me laisser condamner à l'interdiction sans me défendre.

Pour tout concilier, je prie qu'on me laisse passer une année dans une pension ou une maison particulière, chez des gens honnêtes, d'où je ne sortirai jamais seule; et dans la ville, pour que vous puissiez être à même de connaître ma conduite. J'ai des raisons pour persister à obtenir cette épreuve. Si j'en sors victorieuse, il ne sera plus parlé d'interdiction, j'aurai évité un procès scandaleux pour tous, et, dans cet intervalle de temps, monsieur Michal sera peut-être revenu à des sentiments plus doux, et aura reconnu son injustice envers une épouse qui a passé plus de trente ans à faire son bonheur et celui de sa famille, et qui a été, pendant tout ce laps de temps, écrasée de chagrins, de peines morales et physiques : il n'est pas étonnant d'avoir les nerfs délicats et quelquefois de l'exaspération; mais dans cet état je ne nuis à personne, la souffrance est pour moi seule; d'ailleurs je ne l'éprouve que lorsqu'on use envers moi de mauvais procédés; l'impression passée, le mal cesse. Je vais vous en convaincre par un exemple:

À la dernière incarcération, faite le 29 novembre 1837, à huit heures du soir, par deux commissaires de police, la surprise, l'indignation, la précipitation qu'ils exigèrent, me firent prendre de suite une sueur froide; mais je conservai ma présence d'esprit, et dans la route je leur fis voir par mon calme l'injustice du procédé: je fus leur guide, l'obscurité de la nuit les empêchant de reconnaître les chemins. Je les priai de ne pas se montrer chez monsieur Faivre, voulant, pour ne pas blesser mon amour-propre, faire croire aux gens de la maison que je rentrais de ma bonne volonté. Ils eurent cette complaisance; et en arrivant j'embrassai gaîment les maîtres, et leur dis : « Je reviens avec vous, plutôt que de rester seule avec une domestique, mon mari allant à Grenoble pour ses affaires. »

Si j'eusse été folle, aurais-je caché mon émotion et la manière dont je venais d'être traitée?

Eh bien! Messieurs, à chaque incarcération, je me suis conduite avec la même résignation, et partout je me suis fait aimer des maîtres, des malades, des domestiques, par ma bonté, mes égards, mes prévenances, ma sobriété; point d'exigences, monsieur Michal le sait bien: il me laisse des six mois sans voir ni époux, ni enfants, ni parents, ni connaissances. Toute correspondance interceptée, le spectacle de tant d'êtres malheureux, les moyens terribles qu'on emploie pour les contenir ou les guérir, leurs cris, leurs larmes : cette triste position, pour une personne nerveuse, doit lui faire perdre la tête.... Eh bien! Messieurs, vous m'avez vue le 1er juin 1838, après six mois de détention : j'ai été en pareille circonstance toujours la même. Quel est donc le motif qui me porte, *soi-disant*, à l'exaspération, lorsque je suis auprès des miens? D'où vient le blâme? de quel côté se trouvent les torts?

Monsieur Michal se refuse obstinément à mes instances pour venir me voir et adoucir mon sort; il veut absolument me faire interdire ou me tenir fermée toute ma vie, se reposant sur les témoins qu'il vous présentera pour y réussir. Ah! Messieurs, il est certain que ce sera le pot de fer contre le pot de terre; c'est le fort contre le faible : aujourd'hui rien n'est sacré, si l'on peut me condamner sur des dépositions, sans entendre mes justifications!

Monsieur Michal aurait donc eu raison, quand il me disait à satiété qu'« il ne craignait ni les procureurs du roi ni les tribunaux; qu'avec son or aujourd'hui il ferait fermer les portes et les bouches, et les ferait ouvrir à sa volonté. »

Ces menaces ne me font pas peur : je me repose sur l'intégrité de la Cour en général, et surtout sur celle des juges qui sont venus m'interroger. Je me permettrai seulement de leur donner un exemple sur les témoins, pour en revenir au raisonnement de monsieur Michal et à sa sécurité sur sa réussite contre moi : c'est monsieur Nadau, avocat général.

Il occupe un appartement dans notre maison, qui lui a été donné à très bas prix par un de mes frères; on y a fait pour quinze cents francs de réparations; il ne paie que neuf cents francs de loyer; il s'est fait donner, sur la place Louis-Dix-huit, une écurie qui nous coûte deux cents francs, un bûcher au plain-pied, pour lequel je crois qu'il ne paie pas de loyer. Nous ne retirons donc, de cet appartement, pas sept cents francs; tandis qu'à cette époque madame de Saint-Julien, vis-à-vis, donnait douze cents francs, et son appartement était tout fumé n'ayant point eu de réparation, et il n'y avait point d'écurie. Voilà une différence de plus de moitié sur un appartement, soit :

L'écurie, de deux cents francs, ci . . . . 200 fr.
Le bûcher, trente francs, ci 30
Les intérêts de quinze cents francs, ci 75

Total . . . . 305 fr.

C'est donc cent écus de diminution pour notre compte ; monsieur Nadau en payant neuf, reste à six. Madame de Saint-Julien en payait douze, et son appartement, comme je vous l'ai dit ci-dessus, est fumé, et sans réparation depuis plus de cinquante ans.

Ma famille ne cessant de me répéter que cette maison ne rapportait rien, et qu'il fallait y faire beaucoup de réparations, je leur dis : « Augmentez les loyers. » Mon frère étant mort, on dit que « cela casse les baux. » Monsieur Nadau, sachant cela, était piqué contre moi, et faisait sa cour au père Michal pour n'être pas augmenté.

Secondement, ma mère faisait mettre à neuf heures du soir un cadenas à la pompe, pour n'avoir plus de bruit dans la cour. Cette mesure avait été négligée depuis sa mort ; en 1836, le 28 juin, ennuyée du tapage qui se faisait tous les soirs et du scandale, je fis mettre ce cadenas à dix heures, ayant dit à la portière de prévenir tous les locataires du motif. Sur les onze heures du soir, la femme de chambre de monsieur Nadau vint sonner à ma porte, et me dit que « j'eusse à lui remettre la clé du cadenas pour monsieur Nadau, qui voulait de l'eau fraîche. » Je lui réponds que « je suis seule, monsieur Michal étant à Grenoble ; et qu'à une heure indue, je n'ouvre pas ma porte ; mais que je verrais monsieur Nadau le lendemain, et j'arrangerais cette affaire avec lui. » Elle n'est pas au premier, que monsieur Nadau monte, et se pend à ma sonnette avec tant de force, qu'il casse la chaîne en plusieurs morceaux, ainsi que le fil de fer ; et, à coups de pied et de poing, et avec son postérieur, il cherchait à faire aigre, en me menaçant de la mettre à bas, si je ne lui ouvrais pas.

Dans mon indignation je lui répondis : « Nadau, tu ferais mieux d'aller faire panser ton derrière, qui doit être noir. » Quand il vit qu'il n'obtenait rien, et à l'injonction que je lui fais, il redescend chez lui, au premier étage de ladite maison, y prend une hache, vient dans la cour, et frappe sur le cadenas. Poussée, soit par la frayeur qu'il m'avait faite, soit par l'indignation, j'ouvris ma fenêtre, et lui dis : « Toi qui juges les autres ! si un pauvre malheureux commettait une telle action, et à minuit, tu l'enverrais aux galères...

que faut-il te faire, à toi qui dois donner le bon exemple par la place que tu occupes ? »

Les voisins, au tapage qu'il faisait, ouvrirent leurs fenêtres ; alors il eut honte, et se retira chez lui.

Monsieur Michal arriva le lendemain ; je lui fis mes plaintes. Il vit la sonnette cassée, et il en parla à monsieur Nadau, qui convint avoir eu un moment de vivacité, et pria mon mari de me faire des excuses. Mais comme ce sont toujours les battus qui paient l'amende, au bout de quelques jours, le 6 juillet, je fus traduite chez monsieur Faivre, et monsieur Nadau a signé pour me faire interdire, et il cherche encore à me nuire dans l'esprit des personnes qui sont venues m'interroger.

C'est bien le cas de dire que *le Réparateur* eut raison quand il mit, l'année dernière, sur son journal, que « dans ce monde tout est fou : celui qui ne veut pas en voir, en rentrant chez lui casse son miroir ; les petites-maisons renferment la petite quantité, et la grande reste dehors ». C'est le pot de fer contre le pot de terre ; c'est le plus fort qui terrasse le plus faible.

S'il m'est permis de réfuter les témoins qui déposeront contre moi, vous verrez que je vous prouverai qu'ils sont tous comme monsieur Nadau.

Quant à l'interdiction, sur le motif que « je dissipe ma fortune et que je suis incapable de me diriger », qu'on me prouve que j'aie fait des fautes en ce genre. Il est facile de calomnier ; mais on ne peut me condamner sans m'entendre, et les petits détails que je donnerai sur ma conduite, qui est connue de tous les Grenoblois, me font espérer que la Cour me rendra justice.

Mais avant que j'entreprenne cette narration, pénible pour moi, mettez-vous à ma place, Messieurs !

Il est déchirant pour le cœur d'une épouse, d'une mère qui a tant aimé les siens, et qui les chérit toujours, de se voir forcée, pour sa justification, de tracer elle-même tout ce qu'elle a fait pour eux. Déposer la correspondance de son époux, qui en atteste la vérité, ma plume s'y refuse encore ; ce ne sera qu'à la dernière extrémité, et lorsque j'aurai perdu l'espoir de le ramener à se conduire envers moi comme je l'ai mérité. J'aurai bientôt oublié quelques années d'erreurs, que les exemples d'un siècle orageux ont pu exciter, ainsi que les mauvais conseils des esprits indépendants.

Depuis quatre ans qu'on me promène dans des maisons de santé, je suis témoin partout des égards, de la sollicitude, des soins, de la délicatesse des familles qui amènent des leurs vraiment malades : ce sont des parents qui les conduisent, qui passent même quelques jours avec eux pour les accoutumer à leur nouvelle position, qui, par délicatesse, cachent leur nom ou les appellent par celui de baptême; ils leur prodiguent leur tendresse; je vois couler leurs larmes en les y laissant; ils reviennent sans cesse les voir, et aussitôt qu'ils les savent mieux, ils les ramènent faire leur convalescence chez eux, quoiqu'ils aient rechuté plusieurs fois. Il en est qui ont pris à tic leur famille, ne veulent pas la voir, l'injurient; eh, bien! ces bons parents ne se rebutent pas, ils redoublent au contraire de prévenances, de soins.

Ah! Messieurs, que dire du contraste à mon égard? Puisqu'on dit que je suis folle, pourquoi ne pas faire à moi comme aux autres? Oh! Messieurs, cette différence me déchire sans cesse le cœur; et depuis si long-temps mon ame est en proie à ces horribles comparaisons. N'être pas devenue vraiment folle, il faut croire que c'est la Providence qui me protége : elle n'abandonne jamais ceux qui ont confiance en sa bonté.

Cinq fois traduite et enlevée de chez moi par des commissaires de police ou des gendarmes! abandonnée à la merci des étrangers, sans voir ni époux, ni enfants, ni parents, ni connaissances; tout étant appelé et tout adressé à mon nom; publiant partout que je suis folle, et n'écrivant à moi et à mes gardiens que des injures et des calomnies révoltantes, qui passent dans la bouche des maîtres, des malades, des domestiques, et dans le public.

Je vous le répète, Messieurs, mettez-vous à ma place, quand on n'a rien à se reprocher, avec un cœur généreux, une ame sensible, de la délicatesse de sentiment, est-il possible de rester plus long-temps dans une pareille position. De supporter une si affreuse ignominie? J'en appelle, Messieurs, à votre intégrité, à la noblesse de vos principes... Vous êtes peut-être tous époux et pères, tous chargés de défendre la cause de l'innocent opprimé... C'EST LA MIENNE.

Si je suis condamnée, quel exemple laissons-nous à la postérité, pour les époux et les enfants ingrats !!! Puisque ma famille me repousse, que mon mari ne veut plus vivre avec moi, accordez à cette épouse délaissée de passer une année dans une maison particulière ou pension de votre choix, chez des personnes connues pour avoir de vrais principes religieux, de la sensibilité, où je puisse trouver des consolations dans mon malheur, et cela le plus tôt possible; car je sens que mes forces morales et physiques sont tellement affaiblies sous le poids de tant d'infortunes, qu'un plus long séjour ici pourrait m'être bien funeste! Je m'en rapporte entièrement à vous; je mets ma triste destinée entre vos mains, et j'ose me flatter que vous n'aurez pas sujet de vous en repentir.

Excusez, Messieurs, une narration que vous trouverez peut-être mal faite; mais c'est d'abondance que je l'ai tracée, et de nuit, par crainte, le cœur ulcéré, de me voir forcée d'implorer votre appui pour me protéger contre les poursuites de ma famille.

Agréez, Messieurs, les marques de gratitude et d'estime de celle qui vous devra plus que la vie : l'honneur de sa famille et le sien.

Sophie Michal, née Pascal.

Puisque Monsieur Michal ne veut point écouter mes paroles de consolation, et qu'il persiste dans son projet d'interdiction, je me vois forcée de me rendre à vos conseils, de plaider en séparation de corps et de bien, et je vous envoie le mémoire que vous m'avez demandé.

Ma Correspondance avec monsieur Givors,

mon Avoué d'office.

Le 5 juillet 1858.

MONSIEUR,

J'ai différé jusqu'au dimanche de vous remettre les détails sur ma conduite depuis mon enfance, présumant qu'ils nous seraient utiles en cas d'interdiction : je vous envoie seulement ma demande à la Cour pour obtenir ma sortie d'ici ; les motifs sont d'entrer dans une maison particulière ou pension.

Je n'ai pu mettre au net : ma vue est trop fatiguée, au point de ne pouvoir me lire pour corriger ; point de canif ; j'écris de nuit par inquiétude. Je compte sur votre obligeance pour faire transcrire, et je me repose aussi sur votre modération pour supprimer ce que vous croirez peu convenable, et pour redresser les phrases mal tournées. Si la Cour se rend à mes désirs, alors peut-être que monsieur Michal suspendra ses poursuites pendant l'année voulue ; nous serons donc tranquilles tout cet intervalle.

Voyons ce que feront ces messieurs.

Je ne sais si vous parviendrez à gagner mon mari. J'ai reçu de lui ce matin une lettre, où il parle toujours le même langage : « ou rester chez monsieur Faivre tant qu'il le voudra, ou être interdite. » Je joins ci-après copie de la lettre.

Monsieur Michal à madame Michal.

Lyon, le 5 juillet 1858.

« J'ai reçu ta lettre du 29 juin, chère Sophie, le lendemain de mon retour à Lyon. Je n'y ai pas répondu, parce que je n'en avais pas le temps ; d'un autre côté, parce que cette lettre ne répondait en aucune manière à celle que je t'avais écrite pour te dire positivement que « je ne consentirais à suspendre ma demande en interdiction qu'autant que tu resterais chez monsieur Faivre. » Tu as gardé le silence à cet égard. Tu demandes « que j'aille te voir, ne voulant pas répondre à ma lettre : les détails étant trop pénibles pour ta sensibilité ». Les mêmes motifs

qui te font garder le silence, sont cause que je ne puis me rendre à tes instances.
Qu'avancerions-nous d'ailleurs? à quoi amènerait cette visite? nous ne pourrions
jamais nous entendre; nous serions forcés, après un entretien des plus pénibles , à
nous séparer sans avoir rien décidé. Tu vois qu'il est mille fois préférable que nous
restions tels que nous sommes. Tu as pris un homme d'affaires pour ton défenseur;
je ne le connais pas, je ne l'ai jamais vu; mais on m'a dit que c'était un honnête
homme, très consciencieux; prends-le pour arbitre entre toi et moi. Je me suis
abstenu de lui rendre visite par délicatesse, dans la crainte de faire naître chez toi
des soupçons qui, certes, seraient mal fondés, mais qui n'existeraient pas moins
dans la tête d'une femme qui ne voit partout que des persécutions, des gens attachés à lui nuire, qui ne veut pas se rendre justice en appréciant sa position.

« Tu demandes à cor et à cri de rentrer dans le monde, en acquérant ta
liberté. C'est dire que tu veux l'impossible ; je ne puis y consentir; attends patiemment, ou souffre une interdiction qui t'ôte le pouvoir et les moyens de te nuire à
toi-même et à toute ta famille.

« J'ai vu madame Faivre hier, qui m'a dit de te retirer de chez elle, qu'elle
ne voulait plus te garder. Je n'ai pas fait grand cas de ce qu'elle m'a dit : c'est sans
doute un propos de femme. Je désire connaître l'intention de monsieur Faivre; et
si cela était, ce qu'une lettre de lui m'apprendrait, je chercherais de suite une
autre maison pour t'y établir. J'avais préféré la sienne comme celle où j'étais
persuadé que tu serais le mieux; mais s'il ne veut pas te garder, j'en trouverai
bien une autre; et pour ne pas être pris au dépourvu, je ne tarderai pas à m'en
occuper.

« Cessons une correspondance pénible pour tous deux ; tu as un homme
d'affaires avec qui je communiquerai, et même il appréciera tes motifs et les
miens. Nous disons toujours la même chose; il faut bien en finir, prendre un parti
définitif.

« Je n'oublierai jamais que j'ai vécu avec toi pendant trente ans, et je conserverai pour toi l'attachement d'un bon et loyal époux. (Je partirai pour Grenoble
le 10 de ce mois.)

« *Michal.* »

Vous voyez, Monsieur, que l'intention de monsieur Michal est bien de me tenir enfermée toute ma vie, ou de me faire interdire. Vous avez eu cette lettre entre vos mains; je vais vous donner copie d'autres dans le même style, soit de mon mari, soit de mes enfants.

Monsieur Michal à monsieur Faivre.

Le 27 mars 1838.

« Monsieur,

« Je croyais toujours pouvoir me rendre à Lyon d'un jour à l'autre, et cette espérance m'a privé de l'honneur de vous écrire; mais des affaires assez importantes m'ont retenu ici malgré moi, et je ne puis encore prévoir quand je serai libre. Cependant je me propose de m'y rendre après la foire des Rameaux, c'est-à-dire après Pâques, ou autrement je ne pourrais plus y aller qu'à la fin du mois de mai suivant. Depuis très long-temps je n'ai pas reçu de lettre de ma femme; mais je dois augurer que sa santé est bonne, car, dans le cas contraire, je suis bien persuadé que vous m'en auriez avisé. Les dernières lettres qu'elle m'a écrites étaient remplies de reproches et de menaces; j'ai fait peu de cas des unes, et je crains peu les autres. Elle parle toujours de sa demande en séparation de corps et de bien; je ne veux pas lui empêcher de se procurer cette satisfaction, si elle peut l'obtenir; et elle peut faire ce qu'il lui plaira : son état mental ne saurait permettre qu'elle rentrât dans le monde, et elle ne pourrait administrer ses biens. Ainsi toute tentative à cet égard serait inutile. Je ne connais point l'homme d'affaires à qui elle a cru devoir donner sa confiance; mais quel qu'il soit, il aura bientôt apprécié de quel côté se trouve le bon droit, et surtout la raison.

« Je pense, Monsieur, que d'après la promesse que vous m'en avez faite, vous aurez fourni à tous les besoins de ma femme, et je vous en adresse mes remercîments; mais si elle vous demande de l'argent, je crois qu'il est inutile de lui en remettre : elle ne peut en avoir besoin, et l'usage qu'elle en ferait serait peu convenable. Veuillez donc ne point lui en donner; car il serait en pure perte, et je ne saurais consentir à un emploi qui la dégraderait encore plus aux yeux des gens bien pensants.

« Michal. »

J'ai réfléchi que j'aurais dû commencer par celle du 22 novembre 1837, pour vous faire mieux connaître sa perfidie. Je vous en envoie copie. Elle seule doit déciller les yeux des juges sur la fausseté et l'hypocrisie de monsieur Michal, qui fait, comme le chat, pâte de velour quand il veu croquer une souris. Je vais même vous envoyer copie de celle du 11 octobre 1837, de Grenoble.

« MA CHÈRE AMIE,

« Ce que tu dis sur le désir que tu aurais de sortir pour aller t'établir avec Marie, m'afflige : tu sais que cela n'est pas praticable ; l'appartement de ton frère décédé n'est pas à nous seuls ; la domestique est également en commun, et il ne serait pas convenable que tu fusses t'y établir pendant l'absence de Pascal cadet. Ton séjour au troisième serait impraticable, puisque tu y serais seule, que nous n'y avons aucune provision d'hiver, parce que Marie ne pourrait être aux deux étages à la fois.

« Ce que tu me dis sur ta santé me fait de la peine. Je voudrais bien pouvoir y porter remède ; mais je ne puis te sortir de chez monsieur Faivre. Je ne puis croire comme toi que le grand air, et surtout l'air pur de la maison que tu habites, puisse être nuisible à ta santé ; et ce n'est pas bien, ma chère Amie, de t'inquiéter comme tu le fais : c'est manquer de force et de courage, et ton esprit aurait dû t'en faire faire la remarque. Ainsi donc patience et résignation, tout ira bien, j'aime à me le persuader.

« Je vois avec plaisir que notre correspondance à époque fixe te plaît ; nous la continuerons comme par le passé : je recevrai une lettre de toi le 22 ; je te répondrai le 25 suivant, d'après nos accords. Ma lettre t'annoncera l'époque de mon départ et celle de mon arrivée à Lyon. Sois bien tranquille : je tiendrai mes promesses, et tu peux y compter. Songe bien, de ton côté, à remplir les tiennes, qui consistent à prendre en moi la plus grande confiance, et à ne me voir que comme ton meilleur ami, et à ne faire et à ne vouloir, surtout, que ce que je te demanderai, dans l'intérêt de notre bonheur commun. Je ne veux pas, à Dieu ne plaise ! te voir comme une imbécille ; mais je ne veux pas aussi te voir sourde à toutes mes observations : ne voulant et ne faisant que ce qu'il te plaît. En tout, les extrêmes sont toujours nuisibles, et hors de toute raison.

« Adieu, ma pauvre Sophie! je t'embrasse bien de bon cœur, et te conjure de
ne jamais douter du tendre attachement de ton ami le plus dévoué et le plus
sincère.

« Michal. »

« Grenoble, le 20 octobre 1857.

« Ma pauvre Sophie,

« Combien ta lettre du 19 du courant, que j'ai reçue ce matin, m'a fait
plaisir! Je veux t'en donner une preuve, en ne différant pas d'y répondre.
L'empressement que tu as mis à condescendre à ma demande, de renvoyer mon
départ pour Lyon après les élections, m'a été d'autant plus agréable, que je ne m'y
attendais que faiblement; et, toujours esclave de ma parole, je m'étais bien
promis de ne pas y manquer, dussé-je repartir de Lyon le 3 novembre, pour me
trouver ici à l'époque des élections. Ton consentement à m'autoriser à rester
mérite tous mes remercîments, et j'en conserverai de la reconnaissance. J'ai vu
également par ce procédé que ton esprit était bien calme et bien tranquille,
puisque, sans hésiter, tu te rendais à mes désirs; j'en augure bien pour l'avenir,
ma chère amie et j'en éprouve une véritable satisfaction. Notre bonheur n'est pas
entièrement perdu, et nous touchons peut-être au terme de nos chagrins. Ah! s'il
était vrai que tu fusses entièrement revenue à ton état naturel! nous aurions
bien vite tiré le rideau sur le passé; et nous pourrions encore jouir de quelques
années de félicité! Espérons tout; c'est mon vœu le plus sincère.

« Tu te plains, ma chère amie, de ma réticence à te faire part de mon intention « de rester ici au-delà du 4 novembre; » tu dis que Pascal a été plus franc en
te disant « qu'il ne viendrait à Lyon qu'après les élections ». Je dois te répondre
à cet égard, que « mon silence est par toi bien mal interprété »; car il aurait dû te
prouver que mon intention était toujours d'être à Lyon à la fin d'octobre, puisque
je ne te disais rien au contraire, et que je n'ai jamais manqué à ma parole. Au
reste, voici ce qui s'est passé depuis que l'ordonnance de convocation des colléges
électoraux fut connue.

« J'allais disant à toutes mes connaissances que je ne serais pas aux élections,
étant obligé de me rendre à Lyon à la fin d'octobre; je vis le mauvais effet que
produisait mon absence, l'insouciance dont on me taxait à remplir un devoir que

tous les bons citoyens doivent s'empresser de remplir; et ce fut alors que je me décidai à t'écrire, pour me relever de ma parole d'honneur, et faire cadrer mes devoirs avec mon attachement pour toi et le désir que j'avais de ne pas te tromper, pour ne pas exciter une défiance que tu m'as si souvent témoignée. Dis-moi maintenant, ma chère Amie, ai-je de si grands torts? penses-tu encore que ce soit un subterfuge pour différer d'une huitaine au plus, un voyage que je ne puis différer plus long-temps de faire?

« Je crois, d'après cet exposé, qui est sincère, que tu reviendras aisément de ta prévention, et que tu me rendras plus de justice. Tu es bien malheureuse, ma pauvre amie, j'en conviens; mais suis-je plus heureux moi-même?

« Tu prends plaisir à m'accabler sans cesse de reproches, ma pauvre Sophie; et ce que tu me dis, m'est bien sensible; car tu devrais savoir, et cependant tu en doutes, tout l'intérêt que je prends à ta position. Combien le malheur de ton état passé m'a causé du chagrin, et combien je souhaite de te rendre au bonheur! Crois bien que si cela pouvait dépendre de moi, tu n'aurais rien à désirer; mais que puis-je faire? prendre patience et attendre tout de l'avenir.

« Ta lettre et l'impatience que tu me témoignes pour hâter mon arrivée et ne pas attendre la fin des élections, m'ont fait former le projet de me rendre à Lyon à l'époque que je t'avais promis. J'ai donc envie de partir le 30 de ce mois, j'arriverai le 31, je passerai trois jours à Lyon, et j'en repartirai le 3 novembre pour être ici le quatrième jour, où commencent les opérations. Je vais en conséquence faire mes préparatifs pour être libre à cette époque. Tu me dis que « les voyages me font du bien », nous verrons; car ce sera un de plus. Je serai de retour à Lyon le 10 ou le 12 novembre.

« Adieu, ma chère Sophie! je t'embrasse de tout mon cœur, et te prie de ne jamais douter du tendre et sincère attachement de ton dévoué et meilleur ami,

« Michal. »

Monsieur Michal arriva le 25 octobre, et mon frère de même; mais il alla chez monsieur Faivre, et le pria de ne pas me dire qu'il était à Lyon, vu que le laps de temps était trop court pour me faire sortir, et comme il me l'avait promis, cela pourrait m'indisposer; qu'il repartirait pour Grenoble le 2 novembre, et reviendrait à Lyon le 12, après les élections

Lorsqu'ils furent arrivés, mon frère et lui, il envoya mon frère me voir à la maison de campagne de monsieur Faivre. Ce dernier me dit que mon mari n'était pas arrivé ; mais qu'il allait lui écrire, parce qu'ils avaient des affaires à régler ensemble. Je me doutais que monsieur Michal était à Lyon et me le cachait, accoutumée de longue main à être trompée ; et j'en eus la conviction le 26 du même mois. N'ayant point reçu de lettre de lui, ni revu mon frère, j'eus une conversation le même jour avec monsieur Faivre à ce sujet, et je le forçai à m'avouer que mon mari était arrivé et qu'il lui avait défendu de me le dire. Dans mon indignation, j'écrivis une lettre de reproches à mon époux, sur son manque de parole, et sur l'inquiétude que je devais en avoir, pour l'avenir.

Monsieur Michal, ainsi que monsieur Pascal, était venu pour recevoir le restant de la retraite de mon frère aîné (*), décédé le 2 juillet même année. Le payeur général, voyant que moi, Sophie Michal née Pascal, était héritière de moitié avec Pierre Pascal mon frère, ne voulut pas payer la somme, sans que je fusse présente et donnasse ma signature. Alors mon mari se vit forcé de me faire sortir ; ce qui fut exécuté le lendemain, et j'allai avec eux deux chez le payeur général. Je n'étais donc pas folle, à moins qu'on n'admette la signature d'une personne dans un état d'aliénation mentale. C'est absurde ! quelle horreur !

J'observai à monsieur Michal que, sans cette circonstance, il ne m'aurait pas fait sortir, et aurait manqué à sa parole. Accoutumé à me trahir et à nier ses serments, il jura qu'il n'avait pas dit à monsieur Faivre de me nier qu'il était à Lyon.

Piqué contre ce dernier, il se décide à m'en faire sortir, d'accord avec mon frère le cadet, qui lui en voulait aussi, pour ne lui avoir pas écrit que mon frère l'aîné était très mal, vu que monsieur Faivre était son médecin, afin qu'il arrivât à temps pour le faire tester en sa faveur.

De plus, l'abbé Caffarel, dont je vous ferai ailleurs l'histoire scandaleuse, devait à mon frère aîné, qui était décédé, la somme de deux cents francs depuis nombre d'années et sans espoir de remboursement. Monsieur Michal

____
(*) Ingénieur en chef des ponts-et-chaussées, à Roanne (Loire).

et monsieur Pascal cadet jetèrent les yeux sur lui pour m'y exiler, dans l'espoir que ma pension serait payée sur ladite somme. Malgré ma répugnance d'entrer dans une maison diffamée, je me vis forcée d'obéir, et j'y fus installée le 2 novembre, jour du départ de mon mari pour Grenoble. Pour me fasciner les yeux, monsieur Michal me fit un petit compromis, dont voici la copie :

« Je promets à ma femme d'être à Lyon le 10 décembre prochain, et de la prendre avec moi jusqu'au 20 janvier suivant, époque à laquelle je retournerai à Grenoble, jusqu'au 1er mars ; de revenir ici le 1er mars, et d'y rester jusqu'au 1er mai suivant, époque à laquelle nous resterons ensemble tout-à-fait.
« Lyon, le 30 octobre 1837.

> « *Michal.* »

« Si mes affaires me forcent à revenir avant l'époque fixée, je promets de faire prévenir ma femme de mon arrivée le jour même, pour qu'elle vienne me joindre. »

Je ne vous parlerai pas, Monsieur, de tout ce que j'ai souffert dans cette maison du crime : les détails en seraient trop longs ; mais je vous les donnerai par la suite, si cela est nécessaire, et vous verrez qu'on ne m'avait mise là que pour me pousser à l'exaspération par toute sorte de mauvais traitements.

Voici copie de la lettre que monsieur Michal m'écrivait, après avoir envoyé l'ordre à monsieur Faivre de me refermer :

« Grenoble, le 22 novembre 1857 (mercredi).

« MA PAUVRE SOPHIE,

« J'ai reçu hier ta lettre du 19 du courant, qui n'a été mise à la poste que le 20. Elle m'a fait plaisir, d'autant plus que je ne m'y attendais pas ; cependant tu ne cesses de m'adresser des reproches, de te plaindre de ma mauvaise volonté et de mes procédés à ton égard. Mais pourquoi donc ? t'ai-je refusé ce que tu me demandais? ne t'ais-je pas dis « que, puisque cela pouvait te faire plaisir, je m'y prêterais de bonne grâce; que ce piano était bien à toi; que certainement je te le ferai parvenir. » Eh bien! cela ne t'a pas contentée : il te le faut tout de suite, tu ne veux céder en aucune manière à mes observations; dis-moi, cela est-il bien raisonnable? Tu sais bien que lors de mon arrivée à Lyon, vers le 10 décembre prochain, nous ne pourrons nous loger dans notre appartement au troisième; nous irons nous installer au second, comme nous l'avons fait au mois de septembre et au mois d'octobre derniers : nous n'avons ni provisions d'hiver ni domestique; tandis qu'au second, nous avons tout ce qui est nécessaire, et que nous sommes d'accord, avec ton frère, de demeurer ensemble jusqu'à la Saint-Jean prochaine, époque où nous prendrons un parti définitif. Si ton frère veut conserver pour lui l'appartement du second, nous monterons au troisième; si au contraire nous pouvons nous accorder et vivre en commun, nous demeurerons au second, et n'aurons rien à déranger dans l'appartement.

« Cet état d'incertitude pour l'avenir nous force à ne rien entreprendre jusqu'à un arrangement définitif, qui ne saurait être renvoyé plus loin; aussi, pourquoi nous presser en ce moment de faire des préparatifs d'arrangement intérieur chez nous : cela serait inconvenant, et j'avais pensé qu'il serait infiniment plus convenable d'attendre, soit la fin de nos affaires, soit la belle saison, qui est préférable pour des expéditions qui exigent, non seulement des soins de transport, mais encore de belles routes pour éviter les dangers des secousses dans le trajet.

« Eh bien! cependant, malgré tout ce que je puis te dire à cet égard, tu ne veux pas m'écouter, tu persistes dans le projet que tu as conçu, et taxes de dureté, de mauvaise volonté, tout ce que je puis te dire au contraire. Cela n'est pas bien, et tu devrais en convenir. Mon Dieu! ai-je l'intention de te refuser ce que je puis t'accorder? non sans doute. Si je te demande de différer cet envoi, c'est que la saison actuelle ne le permet pas; mais pour l'avoir, tu l'auras bien certainement, et je t'en donne ici ma parole. Si tu voulais bien penser que jusqu'à ce que nous ayons la certitude de ta parfaite guérison, et encore ne pouvant l'avoir qu'au mois de mai prochain, il nous est impossible de prendre des arrangements définitifs; que c'est de la patience qu'il nous faut et de l'espérance : j'en ai beaucoup aujourd'hui, et je me flatte que tous nos jours heureux ne sont pas finis! Ne faisons donc rien qui puisse détruire cet avenir que nous avons en perspective. Comme toi j'ai la volonté de me fixer à Lyon et d'y rester avec toi seule. Depuis long-temps, tu le sais, je travaille à parvenir à ce but; mais je ne puis le faire d'un instant à l'autre : j'ai mes intérêts à ménager ; car si ta fortune est assurée, la mienne a besoin de toute ma surveillance ; mais je travaille à me rendre parfaitement libre, et il n'est pas douteux qu'avec le temps et ma volonté bien prononcée, je n'y parvienne : toute notre famille est établie ; nous n'avons plus à nous occuper que de nous ; et si nous avons éprouvé quelques chagrins dans notre intérieur, nous les devons à la nature et au siècle, qui ne permet pas que les enfants soient assez reconnaissants envers leur père et leur mère des soins donnés à leur éducation et à leur établissement. Peut-être un jour éprouveront-ils la même ingratitude de la part des leurs. Ainsi va le monde actuel ; il faut bien souffrir ce qu'on ne peut empêcher. Grenoble m'est aussi insupportable qu'il l'est à toi, et assurément, si mes intérêts particuliers ne me forçaient à y faire des séjours nécessaires, j'en ferais bien volontiers l'abandon éternel.

« J'ai cru devoir, chère amie, te soumettre ces nouvelles observations : j'espère que tu en reconnaîtras la justesse, et que tu t'y rendras. Crois bien que j'ai toujours pour toi, malgré l'aigreur de tes plaintes, le même attachement, et que te rendre heureuse serait l'objet de tous mes vœux, si, renonçant à tes demandes impératives, tu voulais bien te persuader que je m'empresserai de répondre à tous tes désirs, lorsqu'ils seront d'accord avec la prudence et la raison. Si tout ce que je te dis n'influe en rien sur ton esprit pour te faire renoncer au projet que tu as conçu, eh bien ! je ferai tout ce qui dépendra de moi pour y satisfaire.

« Adieu, chère amie, je t'embrasse de tout mon cœur, et t'assure de nouveau de ma plus tendre affection ; le temps n'est plus éloigné où j'aurai le plaisir de te voir.

« Michal. »

Et je ne l'ai plus revu.

Cette lettre, remplie de douceurs et de belles espérances pour l'avenir, m'affligea, parce que c'est ainsi qu'ont été les préludes de mes incarcérations ; de plus, les mauvais traitements que j'éprouvais chez l'abbé Caffarel, les querelles des enfants, qui étaient scandalisés de la conduite qu'on tenait envers moi chez eux, et, le même soir, un soufflet donné par un des fils à la servante, qui m'insultait, me décidèrent à quitter cette maison.

Le lendemain matin, 24 novembre 1837, je me rendis à l'appartement commun entre mon frère cadet et moi; je demandai à la domestique si mon frère était arrivé, et elle me répondit qu'« elle l'attendait de jour en jour depuis le 12 du mois. » Alors je lui dis que « je coucherais, vu que j'avais quelque chose de très essentiel à communiquer à mon frère »; et le lendemain, sur les trois heures de l'après-midi, il arriva.

En entrant dans la pièce où j'étais, il m'invectiva par un « F…! que fais-tu là? » — A cette apostrophe, à laquelle je ne m'attendais pas, je réponds tranquillement : Qu'y viens-tu faire, toi? — Il me répond : F…! pour mes affaires; et je ne veux pas que tu sois ici, quand ton mari n'y est pas. Il faut que tu retournes chez l'abbé Caffarel, ou chez monsieur Faivre, ou je te f… par la fenêtre, si tu ne passes pas par la porte! — Je réponds à cette injonction avec calme : Pascal, si j'avais ta méchanceté, j'irais trouver le juge de paix, et je lui dirais : « Monsieur, je suis héritière de moitié de mon aîné, « avec mon frère le cadet; nous avons tout laissé en commun *avec la do-* « *mestique;* c'est l'argent du défunt qui fait aller le ménage. J'ai donc le droit d'y « rester autant que monsieur Pascal. Puisqu'il veut m'en faire sortir injus- « tement, venez avec moi prendre les clés de l'appartement, l'en faire sortir « lui et sa servante, jusqu'à l'arrivée de monsieur Michal, que d'autres arran- « gements seront pris… » Mais comme je crains les scènes scandaleuses, j'ai mon appartement au troisième, meublé des effets de ma mère, à moi seule, je vais m'y retirer. —

Il m'accompagna jusqu'à la porte, en m'invectivant, me mettant le poing sous la gorge, me menaçant de m'écraser sous ses pieds, et il ferma la porte après moi à la grosse clé. Au bout d'une demi-heure, je ne sais quelle réflexion fit monsieur Pascal, il m'envoya la domestique, en lui enjoignant de me donner ce dont j'aurais besoin.

Peu de jours auparavant, un des fils Caffarel m'avait dit, chez son père, qu'il y aurait à Saint-Pierre, le dimanche, 26 du courant, une messe en musique d'amateurs, et qu'il m'y accompagnerait. De sorte que ce jour là, ne me trouvant pas chez ses parents, il vint chez moi, à huit heures du matin. Je lui racontai ce qui s'était passé, et lui dis qu'« il m'était impossible de sortir; qu'au contraire je le priais de rester avec moi, pour me protéger au besoin. » Au même instant arriva monsieur Faivre, qui me dit « avoir reçu une lettre de mon mari, qui lui mandait de me faire rentrer chez lui de gré ou de force. » Je lui réponds : « Voilà un de mes cousins, qui a l'âge de servir de témoin, en cas de besoin; il entendra notre conversation.

« Rappelez-vous, Monsieur, que le 10 juillet, même année, en présence de votre épouse et de votre homme d'affaire, monsieur Baudin, chez vous, après la mort de mon frère, monsieur Michal était reparti pour Grenoble, vous me dîtes : « Madame, je suis las de voir une femme qui a toujours la larme « à l'œil et qui ne mange pas. Si vous ne voulez pas rester chez moi volon- « tairement, comme votre mari l'exige, je vous ouvrirai la porte, parce « qu'il vient de sortir une loi qui défend de garder dans les maisons de santé « des personnes qui ont leur tête, et même celles qui ont été malades, qui « sont en convalescence, de les faire sortir, de crainte que le spectacle des « autres malheureux ne les fasse rechuter : il y a cas de galère ; je ne veux « pas y aller pour vous. »

— Je vous répondis : « Je n'y ai jamais fait aller personne ; quand nous en serons là, je verrai ce que je ferai. »

« Eh bien! Monsieur, à cette époque vous avez bien convenu que j'avais ma tête; je suis la même qu'alors; seulement de nouveaux chagrins bien cruels pour une sœur m'accablent; mais j'ai toujours la même force de caractère, comme par le passé : avec de la patience, de la résignation, j'espère que la Providence aura pitié de moi... Si vous êtes honnête homme, montrez-moi la lettre de monsieur Michal. »

Il me répond : « Je ne l'ai pas sur moi. »

— « Eh bien! Monsieur, apportez-la demain; et pendant huit jours vous me ferez une visite d'un quart d'heure chaque fois, et vous verrez que ma-dame Michal est toujours la même : patiente et calme. »

Il se lève en me disant : « Je ne le ferai pas, et bientôt vous aurez de mes nouvelles! » Il passa la porte.

On me laissa jusqu'à quatre heures de l'après-midi sans nourriture. Vous verrez par les détails ci-dessous qu'ils avaient des intentions. Ensuite la domestique m'apporta à dîner. Je le partageai avec le fils Caffarel. Il en fut tellement fatigué, permettez l'expression, que toute la nuit il eut des coliques, alla au cabinet d'aisance par cinq minutes; et moi, d'une constitution plus robuste, j'en fus quitte pour des maux d'estomac et une irritation d'entrailles; mais je ne voulus plus recevoir du manger, vu que j'avais éprouvé ce genre de procédé souvent, et je ne voulais pas m'y exposer de nouveau.

La promesse de monsieur Faivre ne tarda pas à s'effectuer. Le 29, à huit heures du soir, le fils du portier vint sonner, en me disant qu'il avait une lettre à me remettre. Ayant écrit au procureur du roi ma triste position, je crus que c'était sa réponse, ou une de monsieur Michal.

A l'ouverture de ma porte, je fus saisie avec violence par deux commissaires de police, comme je l'ai mis dans mes mémoires. Je leur répondis avec la même fermeté et la présence d'esprit que j'ai toujours montrée en pareille circonstance. J'y ai mis aussi mon arrivée chez monsieur Faivre. Le lendemain j'eus une conversation avec madame, sur l'injustice de cette cinquième incarcération; l'aimable résultat fut d'être fermée dans ma chambre, et obligée de tout demander par écrit quand j'avais besoin de quelque chose.

Voici ma correspondance, commencée le 2 décembre 1837.

A Monsieur Faivre.

Comme tout ce que je dis est mal interprété, qu'on donne de fausses intentions à la moindre de mes actions, la plus délicate et la plus innocente, je viens donc vous prévenir que dorénavant je demanderai tout par écrit.

Je prie qu'on fasse venir aujourd'hui monsieur Lavaur, un criminel a son directeur; on ne peut le refuser à une infortunée qui n'a d'autres reproches que ses vertus.

Je désire qu'on fasse venir aussi monsieur Gubian, médecin, en qui je place ma confiance. Ayant passé trois nuits à me promener, et étant suffoquée par les révolutions occasionnées par les mauvais traitements, cela me porte le sang à la tête, et expose ma vie, que j'ai le droit de conserver.

Je demande que vous gardiez toutes mes lettres, pour être confrontées avec la copie. Comme c'est un acte de folie que d'écrire, *dans vos brillantes lumières* vous vous en serviriez encore d'armes contre moi, puisque vous vous êtes moqué de mes écrits en 1837, au mois de mai, avec monsieur Leullion de Thorigni, d'après l'aveu de votre père.

Qu'un juge intègre vienne m'interroger; que mes lettres soient rendues à leurs adresses; que mes connaissances soient libres de venir me voir, comme vous le souffrez pour toutes les personnes qui sont ou étaient dans votre maison, tels que les pauvres messieurs Carrant, David et Lupin; que j'aille chez moi chercher les objets de première nécessité, accompagnée d'Imbert : puisque vous l'avez choisi pour ma femme de chambre, vous ne craindrez pas que je lui échappe : un tel sapeur doit vous rassurer !

A Madame Faivre.

Dans l'après-dînée du 2 décembre,

Madame ,

Quand un malheureux est condamné à la mort, on lui accorde tout ce qu'il demande; j'ai donc le droit d'exiger de vous tout ce qui m'est nécessaire, puisque c'est vous qui vous êtes chargée de me donner le coup de grace !

Je demande donc tout ce que je désire dans ma lettre de ce matin, dix heures. Vous avez bien eu le temps de vous le procurer. Vous savez que je n'ai pu panser mon bras depuis cinq jours! je vous l'ai dit jeudi, je vous l'ai répété hier; j'ai récidivé ce matin dans ma lettre. Il y a apparence que c'est un essai pour me détruire, parce que vous savez, en femme de médecin, qu'un cautère se bouche lorsqu'il n'est pas pansé. Vous m'avez envoyé hier quelques pois, dont je n'ai pu faire usage, étant beaucoup trop gros. Ils seraient bons pour vous, qui avez le bras gras; mais le mien est desséché par les chagrins, ils ne peuvent me servir. Mais quand on se repaît des malheurs qu'on s'est chargé d'exécuter, tous les moyens sont bons! Il me semble qu'il vaudrait mieux me laisser vivre, pour engrener votre maison, comme monsieur Jules et monsieur Maugeart ; La Croix-Rousse n'est pas bien loin, pour se procurer ce dont j'ai besoin?

A l'instant Imbert me rend ma boîte de pansement, je l'ai refusée : personne n'avait le droit d'ouvrir chez moi. Aussi ceux qui ont eu mes clés, en ont fait un mauvais usage, que je leur avais défendu ; ils répondront de ce qui manquera chez moi. C'est à moi, comme je vous l'ai dit ce matin, à aller chercher ce dont j'ai besoin, et à mettre ordre à mes affaires. Comme ce printemps, monsieur Faivre se mêle de me faire une malle où le sale, comme je vous le fis voir, était mêlé avec le propre et des bonnets tous neufs sont perdus..... Les uns me pillent ; car toutes les fois que je suis rentrée chez moi, j'ai trouvé un déficit considérable dans mon mobilier et dans ma garde-robe. Aussi l'on m'a conseillé, pendant le mois que j'ai passé à Lyon, depuis le 27 octobre jusqu'au 29 novembre, où vous m'avez fait enlever de chez moi par violence, et traînée chez vous par deux commissaires de police, à huit heures du soir. Il m'a donc été défendu, par une personne de la cour, de ne rien manger ni boire que ce que tout le monde mange et boit en ma présence, et de ne rien recevoir. Déjà l'on me fit la même recommandation au mois de septembre, lorsque je rentrai chez vous, le 10 du même mois. Vous devez vous rappeler le mauvais bol que vous m'offriez tous les jours, votre fils unique ; ennuyée de cette persistance, les autres étant neufs, je vous en fis à table, devant tout le monde, la remarque.

Sophie Michal, née Pascal,

bien malheureuse, et que vous payez d'une bien noire ingratitude, vous regardant, vous et votre mari, comme mes seuls protecteurs au monde ! mais seulement pendant mon séjour de six mois à Grenoble, depuis le 25 octobre 1836 que je sortis de chez vous, en vous bénissant ! Mais, arrivée à Grenoble, où votre maison est connue, on m'ôta toute confiance et même plus : on me fit trembler en m'avertissant que ma sortie n'était qu'un jeu, et que vous travailliez avec ma famille pour me refermer ! Je ne voulais en croire que mes yeux ; mais le 25 avril de cette année me les a décillés, encore mieux en ce moment par le traitement infame que vous me faites essuyer ! Ne croyez pas me fâcher : c'est mon coup de grace pour ma délivrance ; ceux que vous n'aimez pas me vengeront !!!

Eh bien ! Madame, jugez qui de nous deux a le plus de religion...... Je puis et je voudrai vous pardonner : mon cœur n'est pas haineux ; vous avez eu le temps de me connaître, et vous étiez même obligée de me rendre cette justice..... J'oublierai tout, si vous rendez une femme malheureuse à son époux ; car il n'est, comme vous le savez bien, qu'aveuglé par son infame famille, qui a juré ma perte ! Assurez mon existence ; que l'on ne puisse plus me fermer sans m'entendre !

Car ce procédé seul devrait, si vous n'étiez pas coupable, vous faire voir l'injustice de mon mari..... Allons, Madame, j'en appelle aux sentiments religieux : **Faisons aux autres ce que nous voudrions qui nous fût fait.** Voilà un dogme de notre Religion qui les renferme tous..... Vous m'avez défendu de vous embrasser; vous avez repoussé mon cœur qui voulait se consoler et trouver dans le vôtre de quoi guérir ses blessures..... Aujourd'hui il vous provoque encore.... oh ! ne le refusez pas, et tout sera oublié... Cette épouse vous tend les bras pour vous y presser encore ; car je suis sûre que vous en avez autant besoin que moi.

Sophie Michal, née Pascal.

Réponse, s'il vous plaît, ce soir ; que je sache avant de me coucher, si vous êtes sensible à mes malheurs.

Au lieu de répondre à une invitation de tendresse, au cœur d'une épouse et mère malheureuse qui sait pardonner, on me mit au cachot le lendemain, 3 décembre, déja fermée dans ma chambre, volets et fenêtres cadenassés, et porte fermée à double tour. La cheminée de ma chambre fumait à tous les vents. J'avais prié madame Faivre, à ma première sortie, le 27 août, même année, de faire lever la fumée en mon absence ; elle ne voulut pas en faire la dépense ; de sorte que, dans la nuit du 2 ou 3 décembre, entre dix et onze heures du soir, ma chambre était pleine de fumée qui refoulait de la salle d'en-bas. Je voulus sonner ; on avait arrêté la sonnette. Je frappai, et un mauvais sujet, leur portier, nommé Jacques, et mademoiselle Victorine, femme de chambre, arrivèrent avec le corset de force. Je calmai leur fureur en leur montrant ma chambre pleine de fumée, et c'était le motif qui m'avait fait heurter. Ils le remportèrent, et me fermèrent sans donner de l'air. A six heures, lorsqu'on alluma le poële de la salle, au plain-pied, la fumée ne recommença que plus forte, et je frappai de nouveau pour obtenir qu'on la fît sortir. Le fameux Jacques et monsieur

Pierre, domestique, arrivèrent avec le corset de force, et me mirent cette agréable camisole; ils m'enlevèrent couteaux, ciseaux, chandelles, veilleuses, et me refermèrent, sans ôter la fumée, dans une obscurité complète et en chemise.

Comme j'ai toujours le goût de la conservation, et que les chagrins me nourrissent, relèvent mon courage, réveillent mon esprit, par ruse et violence, je parvins à me défaire du corset, et, avec des allumettes phosphoriques, que j'avais soustraites à mes alguazils (car ils avaient été jusqu'à la paille de mon lit, pour voir si je n'y avais rien caché). Convaincue que mes malheurs n'étaient pas finis, depuis le printemps j'avais fait une provision de bois dans mon placard, que toute la maison ignorait. Je fis mon feu, brûlai le corset; et quand il fut consumé, je brisai deux carreaux de vitre, fis sauter les verrous, des volets pour me donner de l'air et faire sortir la fumée; et je leur dis : « Venez chercher votre camisole ! »

Si j'eusse été folle, je n'aurais pas eu des idées si heureuses pour ma conservation.

Quand on vit que je résistais à toutes les vexations, on fit sortir un imbécille de son cachot, où il faisait tout par terre et dans son lit; on lava ce cachot à deux heures de l'après-midi, de gros en gros; et à quatre, deux satellites, du nombre desquels était Imbert, mon sapeur, vinrent me prendre de force dans ma chambre et me traduisirent dans ce lieu infecte.

Toujours fière dans le malheur, et calme, j'aime surtout à braver mes ennemis par l'apparence de la satisfaction; j'écrivis le même soir à madame Faivre :

« 3 décembre.

« MADAME,

« Je vous remercie de m'avoir changé de chambre, celle-ci est plus jolie que celle que j'avais, et plus agréable en ce que j'étais sans cesse grondée par les plaintes des malveillants, qui habitaient dessus, dessous, de droite et de gauche. Au moins dans celle-ci, je pourrai chanter, danser, rire, boire, manger et dormir à ma volonté; j'y suis même mieux que dans celle de l'abbé Caffarel : quatre métiers à la Jacquard, le chant et le bavardage de leurs ouvriers, depuis sept heures du matin, jusqu'à onze heures du soir, dont je n'étais séparée que par une cloison et deux portes; et encore sur ma tête quatre mécaniques à devider, sans parler de mille autres désagréments. Au moins, dans la solitude que vous m'avez choisie, j'aurai un calme parfait... Comment n'y avez-vous pas pensé pour madame de Sigismond, qui aimait tant la tranquillité, et qui est sortie de chez vous parce que vous l'aviez placée dans l'endroit le plus bruyant de votre maison.

Agréez, Madame, la gratitude de celle qui vous devra son bonheur, et sa délivrance par les mauvais traitements que vous lui faites éprouver.

Sophie Michal née Pascal.

A Monsieur Faivre.

Ce 4 décembre.

Monsieur,

Je sais que monsieur Paul est plus mal. C'est le spectacle des injustices qui se commettent dans votre maison qui le fait rechuter. Brave jeune homme! je le plains bien sincèrement..... S'il a le cœur sensible, il sera toujours malheureux.

Je pense, Monsieur, que cette missive ne fera pas resserrer mes fers..... La défense est toujours légitime : elle est de droit naturel..... Quant à la copie que je vous ai fait remettre hier, si vous la croyez de mon invention, elle vous prouve que j'ai bien ma tête..... Et pourquoi me gardez-vous comme des lois, si elle est la copie d'une de mon mari? vous devez respecter ses ordres..... Je conviens, Monsieur, que je ne vous connaissais pas assez pour tourmenter, tyranniser et exposer la vie d'une malheureuse femme, qui n'a d'autre tort que d'avoir soixante-deux ans, et que ce soit le vil métal qui vous ait porté à cette infamie !

C'est, de plus, une odieuse illégalité..... Quand aurons-nous donc des garanties pour la liberté individuelle? Au surplus, tout le monde remarquera comme moi qu'il était réservé à notre siècle de voir une épouse et mère, âgée de soixante-deux ans; obligée, pour conserver son existence, de plaider contre sa malheureuse famille et de divulguer elle-même toutes ses infortunes! La connaissance de la vérité des faits doit avoir un prodigieux effet sur l'opinion en ma faveur, et toutes les femmes et mères sont aujourd'hui intéressées aux conséquences de cette connaissance. Elle doit influer également sur les présomptueux, encourager les faibles, et décider les irrésolus, et surtout achever de décourager mes adversaires. Mais il y a toujours une sorte d'instinct qui pousse en général à se ranger du côté de la force et du succès; il est dans la nature des choses qu'ils finiront par s'entendre, et que les plus faibles seront absorbés par les plus forts; mais je ne crains rien: j'ai la loi et l'équité pour moi.

Je demande qu'on m'envoie une bouteille d'eau gazeuse, une bouteille de vin; mais qu'on me donne plutôt de celui de la cuisine, car Imbert vous dira que « voilà deux bouteilles qu'on m'envoie depuis que je suis au cachot; qu'il est trouble et aigre. » J'ai reconnu que c'est l'urine des lapins qui donne de l'humidité à mon cachot.

J'ai besoin de deux serviettes: une, en guise de nappe, et l'autre, pour mon usage; un essuie-mains, un torchon. J'ai rendu tout ce linge sale le jour du ramonage. On se plaint que je l'ai trop sali; mais, Monsieur, avec de l'ordre, on fait ramoner dans la belle saison, et alors on salit moins; on ne cause pas la perte des effets des malheureux, et l'on ne les étouffe pas: car on n'a pas seulement voulu me donner un peu d'air pendant le ramonage. Venez voir, Monsieur, l'humidité et l'odeur fétide: lorsque la porte est fermée, il est impossible d'y tenir. Faites qu'on puisse lever de temps en temps les cadres pour renouveler l'air, et faites enlever de suite la cabane des lapins: l'air circulera dans cet angle et enlèvera cette putridité. Depuis le premier jour, j'ai pris des douleurs au bras, et je suis obligée de coucher tout habillée ne pouvant me déshabiller, ni me promener toute la nuit, fatiguée par l'oppression.

Ce qui vous prouve que j'ai raison, c'est que le cachot à côté du mien est très sec, parce qu'il a de l'air, et qu'il n'a pas de lapins qui le rendent humide, infecte, par l'écoulement des urines.

Je demande qu'on fasse mettre une planche devant la serrure du second cachot, parce que Champis est encore venu frapper un quart d'heure ce matin; et, toute la journée, en venant voir monsieur Paul, il regarde au travers des trous de la serrure, et cela me force à rester dans mon cachot infecte et humide; tandis que si l'on clouait une planche devant la serrure, je pourrais aller et venir dans les deux cachots sans être vue, ni insultée lorsqu'il me voit passer. Si la nouvelle France avait appris la civilité, elle saurait que c'est insolent de venir sans cesse frapper à une porte sans se nommer. Je demande que cela soit défendu, ainsi que de me suivre pas à pas à la promenade, dont on me permet de jouir une demi-heure par jour; accompagnée d'Imbert. Imbert vous dira qu'hier, lorsque je changeais de chemin, il me suivait toujours. J'ai réitéré si souvent cette contremarche, que j'ai lassé son insolente conduite, et il est allé dans le bois avec le pauvre Gerin, qui est bien à plaindre d'avoir une pareille société! Ce n'est pas le moyen de le guérir de ses défauts!!! mais il manque *l'œil du maître*, comme dit La Fontaine, et il se commettrait moins d'injustice chez vous.

J'espère qu'en donnant cinq cents francs par mois, on peut bien jouir d'un peu de liberté.

Sophie Michal, née Pascal.

A Mes Juges.

Messieurs,

Le même jour, Imbert vint à quatre heures de l'après-midi m'apporter à dîner; il me trouva asphyxiée. Il y avait quatre rangs de grilles devant la fenêtre, et deux devant la cheminée; les grillons étaient si resserrés qu'on n'aurait pas pu y passer une allumette pour repousser le charbon, lorsqu'il tombait contre la grille; et alors la fumée remplissait le cachot. Le pauvre Imbert se mit à jurer contre un traitement si infâme, et me prodigua tous les secours nécessaires dans ma position. Il courut chercher monsieur Faivre, et lui dit : « Venez de suite, Monsieur, vers madame Sophie : l'odeur du charbon l'a fait trouver mal. »

Monsieur Faivre, qui était à table, lui répondit : « Qu'a-t-elle? »

— « Eh f.... ! Monsieur, je vous dis qu'elle est mourante et qu'elle a besoin de vos soins; je ne puis pas y rester, puisqu'il faut que je donne à manger à vos fous. »

Monsieur Faivre avait ce jour-là une autorité à dîner, et il resta deux heures (montre sur table) sans venir. Il arriva avec un autre domestique, et me dit :

« Que voulez-vous ? » Je lui réponds lentement : « Vous le voyez : l'odeur qui règne dans ce cachot doit vous l'apprendre, f... ! » Il riposte par : « Faites voir votre pouls..... Oui, vous avez bien la fièvre; mais c'est égal, je vous ai mise ici pour vous mater; vous y resterez tant que je le voudrai. » Je lui tournai le dos, et au bout d'une minute, je me retournai en lui disant : « Je veux un médecin ! » Il répond : « Vous n'en aurez point d'autre que moi. » Je réplique : « Je ne vous veux pas. » Ensuite je lui dis : « Je veux mon directeur, monsieur Lavaur. » Il me répond : « Vous ne l'aurez pas. »

Alors l'indignation ranime mon courage; je me lève avec dignité, et lui dis : « A un criminel qui a assassiné, violé, incendié, avant de subir la peine de son crime, on lui accorde tout ce qu'il demande; et à moi, épouse infortunée, mère malheureuse, vous qui êtes jésuite, qui allez à la messe tous les jours, et communiez toutes les semaines, vous osez me refuser la dernière consolation d'un Catholique à l'article de la mort !... Tremblez : si le destin tranche mes jours cette nuit, j'en appelle à la vengeance du Ciel sur vous et votre maison ! » Il me regarda avec dédain, sortit et commanda de fermer le cachot sans me donner de l'air.

Heureusement Imbert, inquiet sur ma position, avait fini de donner à manger à ses malades; il vint courant, et me trouva étendue, parce que l'émotion, l'indignation, m'avaient de nouveau mise aux portes du tombeau. Alors ce pauvre sapeur se mit à pleurer en disant : « Malheureuse victime de l'ambition, de la barbarie, de l'ingratitude ! Je ne suis qu'un mercenaire; mais je ne souffrirai pas qu'une personne confiée à ma garde périsse par la cruauté des méchants..... Je vais m'exposer à perdre ma place; mais, je m'en f.... ! je vais vous donner de l'air. » Et il ouvre toutes les portes. De suite je repris connaissance.

Comme Imbert avait fini son ouvrage, il resta quelque temps auprès de moi, pour me donner ses soins et des consolations; et par réflexion, il me dit : « Je dis bien que je m'en irai, s'ils me mettent dehors; mais si je m'en vais, qui aura soin de vous? personne n'a d'âme ici ! Écoutez, prenez patience; il vous faut hurler avec les loups, et puisque vous avez confiance en la Providence, elle ne vous abandonnera pas. » Il me tint parole, et me procura, autant qu'il lui était possible, et à l'insu des maîtres, ce qui m'était nécessaire; et chaque soir, lorsque tout le monde était couché, il venait à onze heures, mettait à bas l'infernale grille, en me disant : « La Mère, au moins si le charbon tombe, vous pourrez le repousser. » Il revenait souvent, entre une et deux heures de la nuit, voir comment je me trouvais, parce que j'étais percluse de douleurs, occasionées par l'humidité du cachot ; et, de plus, une fièvre continue a redoublé à quatre heures de l'après-midi, celle où l'on m'avait enlevée de ma chambre pour me mettre au cachot ; et encore une toux affreuse que j'avais prise le 29 novembre, en faisant presque le chemin à pied, avec les commissaires de police, à neuf heures du soir, et qu'il régnait un vent du nord très froid.

Toutes ces souffrances ont duré quatre mois, et je n'ai eu d'autre médecin qu'Imbert pour me tâter le pouls.

Le onzième jour j'écrivis à monsieur Faivre :

« Vous savez que j'ai un cautère et que depuis que je suis ici il n'a pas été pansé ; je désire que vous m'envoyez une fille pour me déshabiller tous les jours, vu que je suis percluse de tous mes membres par l'humidité de votre cachot. »

Cinq minutes après, une nommée Victorine vint ouvrir le guichet, et me dit : « Quand on est au cachot, on est servie par les hommes ; les filles n'y entrent pas. » Je lui réponds : « Jamais homme ne m'a déshabillée ; je ne me panserai pas, et si je meurs, vous le paierez. »

Un instant après, monsieur Faivre vint avec Imbert, et lui dit : « Imbert, déshabillez madame, et si elle fait résistance, mettez-lui le corset de force. » Je lui réponds : « Jésuite, je ne suis pas comme vous, je ne communie pas toutes les semaines ; j'ai soixante-deux ans, mais j'ai toujours eu de la pudeur... et je ne me laisserai pas déshabiller par un homme. » Monsieur Faivre répond : « Imbert, obéissez. » Et le pauvre sapeur me disait humblement, en cherchant à me déshabiller : « Allons, la Mère, laissez-vous faire : je suis un vieux militaire, mais qui ai des enfants, j'en ai bien vu d'autres, et je suis obligé d'obéir. » Je lui réponds : « Va-t'en... » Monsieur Faivre, de nouveau : « Imbert, obéissez donc. » Le pauvre diable fut contraint de se soumettre, et moi aussi.

Ce pauvre Imbert venait chaque matin à six heures pour faire mon feu, et relever la grille, dans la crainte de s'attirer la colère de monsieur Faivre ; et alors il me tâtait le pouls, et me disait : « La Mère, la fièvre est encore bien forte ; avez-vous appétit ? — Non. — Eh bien ! vous ferez bien de ne pas manger. Attendez un peu qu'elle soit tombée. » J'ai souvent éprouvé sa sensibilité ; en voici des exemples :

Je faisais semblant de dormir, quand il venait ouvrir le cachot ; il venait auprès de mon lit, me regardait en disant : « Pauvre victime, elle dort.... Puisse-t-elle reposer long-temps. » Il faisait doucement son feu, relevait la grille, et puis s'en allait.

Le premier de l'an, il vint à cinq heures du matin, et me dit : « La Mère, aujourd'hui on viendrait vous féliciter, si vous étiez au milieu de votre famille, et vous n'avez que votre pauvre sapeur pour vous souhaiter la bonne année : j'espère que la fin vaudra mieux que le commencement. » Il vit que mes larmes coulaient, et voulut faire diversion. « Votre Imbert s'est fait beau garçon, il a fait sa barbe, et vous prie d'accepter son offrande. » Et il me présenta une orange et quelques papillottes.

Que ce jour fut cruel pour moi ! On m'avait tout ôté, je ne pouvais récompenser son zèle ! Il renouvela ses attentions le jour des Rois, en m'apportant un morceau de gâteau où la fève était dedans : « Je vous ai choisie pour ma reine. »

A mon Mari.

Ce 8 décembre 1857.

On a bien raison de dire, Michal, que — la vengeance est le plaisir des dieux et des femmes. — Je ne me serais jamais doutée qu'on pût être heureux dans une prison, et cependant j'éprouve une vraie jouissance d'être au cachot, par les soucis que je donne à mes geôliers. Je vais en tracer quelques détails.

Arrivée ici à neuf heures du soir, le mercredi, 29 novembre 1837, j'avais prié les commissaires de police de ne pas entrer chez monsieur Faivre, pour m'éviter la mortification d'y venir par la force ; de sorte que j'eus l'air de passer le triste seuil de la porte gaîment ; je disais que « vous repartiez pour Grenoble, et que je venais, comme d'habitude passer ce temps chez monsieur Faivre » (et vous savez que je ne vous ai pas vu, parce qu'en pareille circonstance, vous redoutez ma présence ; *on craint toujours celle de ceux qu'on afflige*). Langage que je tins à tout le monde, depuis les plus élevés jusqu'aux plus humbles. Que n'étiez-vous sur ce théâtre, vous auriez vu comme votre Sophie sait jouer la comédie ! Calme, tranquille, gaîté modérée, le visage riant, quand le cœur était encore ému de la violence que m'avaient faite vos commissaires de police. Si j'étais folle, aurais-je eu cette précaution dictée par l'amour-propre ? Cela seul devrait faire connaître votre injustice !

Mais le lendemain, quand je demandai à madame Faivre sur quel pied j'étais

chez elle à cette cinquième incarcération, et si je ne verrais pas mes connaissances, comme on les laisse venir pour les autres personnes qui sont dans la
maison.... Madame Faivre me répondit : — La dernière fois que vous avez été
chez nous, j'ai pris sur moi de vous faire sortir; mais aujourd'hui il faut que
votre mari nous en donne la permission, ainsi que pour recevoir vos visites. Quant
à votre Vétard, elle sera toujours consignée à la porte. C'est une bégueule qui
nous a fait des tripots : elle est allée chez la mère de monsieur Roux, lui dire que
« son fils avait bien sa tête, qu'elle était une marâtre de le tenir fermé... » De
pareilles créatures ne remettront jamais les pieds chez moi, parce que, si je ne
l'eusse pas reçue pour vous faire plaisir, elle n'aurait pas vu ce qui se passait
dans la maison. — Je riposte : Madame, vous savez que j'ai bien ma tête, telle
que les autres années et incarcérations. Vous vous mettez en contravention avec la
loi, ou bien voulez-vous donc me faire mourir comme le pauvre monsieur Caran,
qui a péri dans un bain cet été, le 18 juillet? et quand on vous demandait ce
qu'il était devenu, vous disiez qu'il était allé se marier, et c'est le chagrin
d'être retenu par force qui l'a tué.... J'ai tout entendu, puisque je prenais un
bain de propreté dans le cabinet à côté du sien. Quand ce malheur est arrivé, j'ai
tout entendu, vous dis-je; mais j'ai gardé le silence, de peur d'être fermée,
comme vous faites à ceux qui disent ce que vous avez intérêt de cacher. Si je
n'avais pas eu ma tête, aurais-je gardé aussi long-temps sur le cœur un pareil
secret : je n'en ai fait l'aveu qu'à mon mari, au commencement de septembre,
lui disant « que le séjour des maisons de santé ne convenait nullement à une personne qui avait sa tête et des malheurs; que ceux dont on est sans cesse témoin
dans ces maisons de santé, me faisaient beaucoup de mal ; que j'ai été malade
pendant trois mois de la révolution que m'a fait ce tragique événement. »

Madame Faivre, qui croyait que j'ignorais ce malheur, vu que c'était un secret
pour toute la maison, excepté pour ceux qui s'étaient aidés à le mettre dans sa
dernière demeure, craignit que je ne le divulguasse : elle me fit fermer. Je me
plains de cette injustice; pour me dédommager, on me met au cachot.

Vous voyez donc que je suis victime dans cette maison. Puisque vous ne voulez
plus vivre avec moi, mettez-moi dans une pension où il n'y ait pas de fous. J'ai
eu beau vous écrire tous les mauvais traitements qu'on me fait; vous feignez de
ne pas le croire ni le savoir; et pourtant je suis toujours, dans ce maudit cachot,
privée des nécessités de la vie, percluse de douleurs produites par l'humidité qui y
règne, avec une toux affreuse occasionnée par le vent du nord qui régnait le jour

que vos commissaires m'ont amenée, à huit heures du soir, et qu'il nous a fallu faire depuis la Boucle le chemin à pied, parce que mes conducteurs ne le reconnaissaient pas, tant la nuit était sombre! de plus, une fièvre continue, avec redoublement à l'heure qu'on m'a fermée injustement. Je vous ai écrit plusieurs fois à ce sujet, vous m'avez toujours répondu que « ce n'était pas vrai ». Si vous ne l'avez pas commandé, et que vous ayez du cœur, de l'humanité, venez donc le voir.....

Rappelez-vous, Michal, qu'à la mort de votre belle-sœur, arrivée à la Saint-Jean 1834, je vous priai d'avance de vous réconcilier avec elle et votre frère; qu'à la mort tout s'oublie..... Vous fûtes inexorable..... Hélas! avec mes principes religieux, je ne pus résister à ce désir; je m'adressai à un tiers en secret. Cela se passa selon mes vœux. Dès que vous en fûtes averti, vous m'accablâtes du poids de votre colère.

A la mort aussi de votre gendre Eugène Quiquandon, au mois de septembre même année, vous chassâtes le de votre présence; je vous fis les mêmes instances pour obtenir d'aller le voir..... Même refus!... C'était le mari de notre Élisa (décédée le 5 juin 1823), que nous avions perdue, la seule qui avait rempli envers nous la piété filiale; c'était le père de notre Alfred, seul rejeton de notre fille Élisa, par conséquent notre petit-fils. Ces considérations guidèrent mes pas secrètement. Ce Victor Margot, votre gendre le républicain, qui a semé la discorde dans notre famille depuis qu'il y est entré, se doutant que j'allais faire cette démarche, me suivit incognito, et vous en prévint de suite. Vous me dites : « Sophie, tu m'as désobéi à la mort de ma belle-sœur, tu as récidivé à celle » de mon gendre Eugène Quiquandon; je ne l'oublierai jamais; je ne te pardon- » nerai jamais et m'en vengerai. » — Je te répondis : « J'ai rempli un devoir de religion; si tu m'en punis, Dieu me récompensera. »

Tu sais, malheureux, tout ce que ta rancune haineuse m'a fait souffrir dès cet instant jusqu'au 7 novembre 1834, même année, que tu m'as amenée à Lyon, et fermée chez Brun, à La Croix-Rousse : première incarcération. Ensuite, parce que tu voulais prendre à fonds perdu la portion de maison de mon frère aîné, au nom de ton commerce, et que je m'y opposais parce que tu me déshéritais et que mes enfants ne m'auraient point su gré de cet héritage, tu as surpris la faiblesse de mon frère, dont la tête et le corps étaient presque tout paralysés, et tu as terminé cette affaire pendant que j'étais fermée.

Lorsqu'on t'engageait à m'en sortir, disant que « j'avais bien ma tête », tu

leur répondais : « J'ai juré que je ne la ramènerai jamais à Grenoble, et que je
la tiendrai toujours fermée. » Vous avez tenu le même langage à monsieur Bonnet,
lorsque vous vîntes me voir chez lui à Noël, en 1835, quand vous me dîtes que
« vous veniez seulement me voir, et non me sortir. » La révolution d'une telle
infamie me fit prendre un vomissement qui dura toute la journée, au point que
monsieur et madame Bonnet vous prirent en particulier pour vous témoigner leur
inquiétude sur ma triste position. Vous leur dîtes : *« Ce n'est rien, je l'ai vue plus
malade que cela ; elle n'en mourra pas ; elle a l'âme chevillée dans le corps.....*
D'ailleurs j'ai juré qu'elle ne remettrait pas les pieds à Grenoble, et que je la
tiendrai toujours fermée. » — Ce sont eux qui m'en ont fait l'aveu.

Vous avez tenu le même langage à monsieur Faivre et à sa femme au mois de
juin 1836, lorsqu'ils vous sollicitaient pour me faire sortir de chez eux, vous
observant que « j'avais parfaitement ma tête, et que le séjour dans les maisons
de santé, où l'on ne voit que des malheureux, pouvait m'être préjudiciable, vu
ma constitution, par ma sensibilité. » — Vous leur dîtes : « Si vous ne voulez pas
la garder, on m'a parlé d'une maison à Genève ; je l'y mettrai. » — Ce sont encore
eux (*), lorsque je les quittai le 25 octobre de la même année, qui me dirent :
« Prenez garde à Genève..... Votre mari vous a sortie d'ici à notre sollici-
tation, puisque vous ne vouliez pas y rester volontairement ; mais il a le projet
de vous y mettre. »

Vous savez tout ce que vous m'avez fait souffrir pendant six mois, que je fus
obligée de me sauver à notre campagne, où votre fils, d'accord avec vous, vint
m'y trouver, feignant d'avoir eu des querelles très violentes avec vous, qu'il ne
pouvait plus y tenir, et qu'il y avait une émeute à Lyon ; que vous ne vouliez
pas y aller ; que nous partirions pour aller surveiller la maison que nous a laissée
ma mère pour me conserver un morceau de pain ; que nous y irions incognito. Et,
arrivée à Lyon, le 22 avril 1837, j'ai été de nouveau fermée chez monsieur Faivre :
quatrième incarcération, le 25 du même mois, enlevée de chez moi par deux
gendarmes.

Vous ne m'avez sorti le 27 août, même année, que pour me faire éprouver des
humiliations, des vexations, des privations, dans l'espoir de me porter à l'exaspération, parce que monsieur Faivre vous avait dit que « je serais toujours calme
chez lui, parce qu'on ne me faisait point de mauvais procédés. » Et quand vous

(*) C'est monsieur Faivre.

vîtes, dans l'espace de douze jours que je passai auprès de vous, que je supportais tout avec ma patience et ma résignation habituelles, vous employâtes les promesses pour l'avenir, pour me faire rentrer volontairement chez Faivre le 10 septembre même année ; et le matin de ce jour fatal, pour me prouver que vous me portiez de l'intérêt, vous me dîtes : « Ma pauvre Sophie, cela me fait tant de peine de voir couler tes larmes, depuis que tu es auprès de moi, et cela par la répugnance que tu as de rentrer chez Faivre, que ce matin j'en ai pris le dévoiment. » — Quelle hypocrisie ! c'était la crainte que vous ne soyez obligé d'employer la force pour m'y faire rentrer.

Vous m'avez aussi fermée chez les Bonnet, parce que je m'opposais à ce qu'on vendît le jardin de ma mère, et vous l'avez fait dans le moment que j'étais fermée. — Vous ne m'avez sortie le 27 octobre, même année, que pour aller signer chez le payeur général afin de recevoir le restant de la retraite de mon frère décédé, vu que le payeur ne voulait pas vous compter la somme sans ma signature..... Je ne suis donc pas folle, puisque ma signature est valable ! — Vous ne m'avez mise chez l'abbé Caffarel que pour en tirer les deux cents francs qu'il devait à mon frère défunt, étant insolvable ; ensuite les connaissant pour de la canaille, vous étiez sûr qu'avec votre or vous m'y feriez maltraiter, jusqu'à me forcer à en sortir, et avoir ce prétexte pour me faire refermer, avec l'aide des mauvais traitements de monsieur Pascal, mon frère ; ce que vous avez exécuté le 29 novembre, même année. — Vous avez pensé que, pour couronner l'œuvre, il fallait finir par me mettre au cachot, avec le corset de force, privée de toutes les nécessités de la vie, dans un endroit infecte et humide, dans l'espoir que j'y terminerais mon existence !

Mais non ; comme vous le dites à tout le monde : « *Ma femme a l'ame chevillée dans le corps ; elle est pétrie de la merde du diable : il l'a chiée en volant.* » Excusez, lecteurs, ce sont les paroles techniques de monsieur Michal.

Dites donc, malheureux, que la Providence veille sur mes jours ; elle n'abandonne jamais ceux qui ont confiance en elle. La mienne est entière ; j'ai la conviction que rien n'arrive que par ses ordres. Elle m'éprouve ; mais elle récompensera ma résignation, ma patience, ma persévérance, parce que Dieu nous dit : Aide-Toi, je t'aiderai. Si l'Être-Suprême m'envoie des croix, en même temps il me donne la force de les porter, et il me dédommagera de ma soumission. Rira bien qui rira le dernier.

Je vous le répète : s'il vous reste un peu de droiture dans l'âme, venez donc voir l'état déplorable où l'on a réduit votre malheureuse épouse et mère,

Sophie Michal, née Pascal.

En faisant la recherche de la correspondance de monsieur Michal et de sa famille ; je n'ai rien trouvé depuis le 7 novembre 1834, que j'ai été fermée chez Brun (*). Tout m'a été enlevé jusqu'au 16 août 1835, que j'ai été fermée de nouveau chez Bonnet, aux Bains-Romains : seconde incarcération.

Voici une lettre de mon mari, datée de Montpellier pendant qu'il était à Paris. Je le savais, et il en est convenu plus tard lui-même. Cette ruse était employée pour que je ne susse pas quand il séjournait à Lyon, ne voulant pas me voir.

« Montpellier, le 18 novembre 1855.

« MA PAUVRE SOPHIE,

« J'ai reçu ta lettre écrite par monsieur Bonnet; elle m'a été envoyée ici de Grenoble. Je m'empresse de lui répondre pour te communiquer toute la peine que m'a fait éprouver l'accident survenu à ton bras ; j'espère qu'il n'aura pas de suite. Je compte sur les soins de monsieur et de madame Bonnet pour te procurer tous les soulagements qui dépendront d'eux. Prends patience, et fais tous les remèdes qui te seront

(*) Principalement parce que monsieur Michal voulait acheter la portion de maison de mon frère l'aîné à fonds perdu, au nom de son commerce, à la mort de ma mère. Je m'y opposais parce que cela me déshéritait, et que mes enfants ne m'auraient pas l'obligation de cet héritage ; cela déshéritait ensuite ma fille, celle qui est établie à Marseille, madame Adèle Dufay, et mon petit-fils Alfred Quiquandon, vu qu'ils ne sont pas, ni moi, de la société de la Banque à Grenoble. Mon frère l'aîné répugnait à cet arrangement, parce qu'il aimait tous mes enfants également. On me fait passer pour folle, on m'enlève de Grenoble, on me traduit à Lyon, et j'ai été fermée chez Brun le 7 novembre 1834, et c'est pendant ce temps-là que le traité s'est fait avec mon frère, qui avait l'esprit faible, étant déjà tout paralytique.

prescrits pour guérir ton bras qui n'est que démis ; et je ne doute pas que tu ne parviennes à une parfaite guérison, malgré mon refus de te laisser aller à la Chapelle-Blanche, chez le curé rhabilleur, en Savoie.

« Mes affaires m'ont forcé de rester dans le Midi plus long-temps que je ne le croyais ; mais je touche à la fin. Je pense pouvoir partir dans quelques jours pour Grenoble, et de là me rendre à Lyon pour te voir et juger par mes yeux de l'état de ton bras. En attendant, reçois les embrassements de ton époux, qui t'aime toujours, et conserve l'espérance de te voir rétablie pour me réunir à toi.

« Michal. »

Il est resté jusqu'à Noel sans venir me voir ; le calus de mon bras s'est formé, et je suis estropiée pour ma vie.

« Grenoble, le 9 novembre 1835.

« Ma pauvre Sophie,

« J'ai reçu la lettre que tu m'as écrite le 5 de ce mois. Cette lettre, qui ne contient que des reproches violents sur ma cruauté, mon insouciance sur ta position (*), m'a fait beaucoup de peine. J'ai rempli envers toi tous les devoirs d'un bon époux, j'ai pourvu à tous tes besoins ; et si tu as éprouvé quelque retard dans l'envoi des objets que tu réclamais, ce retard n'a été causé que par mon absence de Grenoble et par le voyage que j'ai été obligé de faire à Montpellier (**) et dans d'autres villes du Midi, où je suis resté plus d'un mois. C'est donc à tort que tu te plains de ton époux : il t'aime beaucoup, il conserve pour toi la plus tendre affection. Je ne puis dans ce moment m'absenter de Grenoble. Ayant été éloigné plus d'un mois, il faut que je songe à mes affaires entièrement ; je travaille à devenir libre, et mon plus grand plaisir sera de pouvoir enfin établir mon domicile à Lyon, comme nous en avions eu le projet.

(*) La position de mon bras.
(**) C'est-à-dire à Paris, et l'on voulait me faire prendre le change.

« Je t'embrasse de tout mon cœur, et te réitère l'assurance de la tendre et sincère affection d'un époux qui ne cessera jamais de songer à toi et de veiller sur ton sort.

> « Michal. »

A son retour de Paris, il est resté quinze jours à Lyon et n'a pas voulu venir me voir.

> « Grenoble, le 12 novembre 1835.

« MA PAUVRE SOPHIE,

« Tu as écrit une lettre à Léon (*); il était absent : il était allé à Voiron pour affaires, et il reviendra ce soir. J'ai lu cette lettre et je l'ai trouvée bien inconvenante : tu l'adresses à lui ; tu lui ordonnes de partir de suite pour Lyon à l'effet d'aller te chercher et de te ramener à Grenoble ; tu lui dis de m'en faire un mystère, de ne pas me consulter pour cela ; tu assaisonnes tout cela de plaintes contre ta famille..... Songe que moi seul suis le maître, et puis changer ta position. Léon ne verra donc pas cette lettre ; je la garde, et t'invite à ne plus en adresser de semblables à l'avenir. C'est moi avec qui tu dois correspondre pour tout ce qui peut t'être nécessaire. Ne t'étonne pas du silence que gardera Léon sur ta lettre, et n'en conserve aucune rancune ; car il n'en aura pas connaissance.

« Je t'ai dit que j'irais à Lyon le plus tôt que je le pourrai, et que décidément j'avais l'intention d'y établir mon domicile par rapport à toi. Je suis décidé à exécuter ce projet ; mais il me faut du temps.

« Je te réitère l'assurance de ma tendre affection et fais des vœux chaque jour pour que ta santé se rétablisse et puisse permettre notre réunion.

« Ton époux, qui t'aime et t'embrasse de tout son cœur.

> « Michal. »

(*) Mon fils.

« **P. S.** Ton retour à Grenoble ne peut avoir lieu de quelque temps. Je t'ai dit que je voulais établir mon domicile à Lyon ; je te le répète, ne vois en moi ni ruse ni fausseté ; je te dis tout ce que je pense et n'ai nulle envie de te tromper. Notre séparation aura un terme ; mais notre réunion aura lieu à Lyon, et non pas à Grenoble. Tu sais qu'à Noel je dois y aller et y passer une quinzaine de jours ; attendons cette époque pour faire nos arrangements. »

On voit positivement qu'il ne veut pas que je retourne à Grenoble, parce qu'il craint que ses crimes à mon égard soient dévoilés.

UNE
PRÉTENDUE FOLLE,

OU

LES HORREURS COMMISES PAR L'AMBITION, L'ENVIE ET LA PRÉVENTION :

MÉMOIRE

DE

MADAME SOPHIE MICHAL, NÉE PASCAL,

CONTRE

MONSIEUR MICHAL SON MARI,

Écrit par elle-même.

N° 2.

Suite de la Correspondance avec ma Famille.

« Grenoble , le 21 novembre 1835.

« MA PAUVRE SOPHIE ,

« Je n'ai reçu que le 18 du courant ta lettre datée du 14. Tu me témoignes le désir pressant de revenir dans le sein de ta famille prendre le gouvernement de ton ménage. Je ne pense pas que cela puisse se faire si tôt. Tu ne crois pas à mon désir d'aller établir mon domicile à Lyon ; cependant c'est mon projet. Tu sais bien que je ne puis tout-à-coup et brusquement abandonner ma maison et mes affaires : je suis trop intéressé à les surveiller. Je travaille chaque jour à me rendre indépendant, et j'espère bien y parvenir. Tu vois d'ailleurs que j'ai à peu près abandonné le travail à mes associés ; car je fais peu de chose aujourd'hui. Je me suis chargé de faire les voyages que les affaires exigent, préférant cet emploi à celui du comptoir, en ce qu'il est moins fatiguant et surtout moins casse-

6

tête. Espérons donc que nous atteindrons le but que je me suis proposé : celui de passer la moitié de l'année à Grenoble, et l'autre à Lyon.

« Tu t'inquiètes sur les dégâts que ton absence peut causer dans notre ménage. Rassure-toi : j'y ai donné et j'y donne encore tous mes soins; tout est sous clé. Lors de mon voyage à Montpellier (*), je fermai la maison et envoyai la domestique à la campagne, où elle est restée jusqu'à mon retour.

« Quant à la crainte que tu me témoignes qu'« une domestique se rende maîtresse de la maison et ne veuille plus te respecter », tu as grand tort; car tu sais que je ne les ai jamais autorisées à te manquer, et que tu as toujours eu le droit et la volonté de les mettre à la porte, sans que j'y aie apporté de la résistance. Rassure-toi donc sur ce point, et n'y songe plus; car ce serait conserver à mon égard un doute que je ne mérite pas.

« J'en reviens à l'idée que tu as que que ta lettre a bien été remise à Léon, et que je voulais te cacher qu'il l'eût reçue... Tu te trompes encore à ce sujet; car la lettre a été soustraite par moi : je connaissais ton écriture, je ne pouvais me tromper à cet égard, et je ne voulais pas qu'il en eût connaissance, ne voulant en aucune manière employer son ministère pour être utile à ses parents. Ce que je t'ai dit est l'exacte vérité; tu peux me croire.

« Tu me témoignes la plus grande impatience de revenir à Grenoble et de sortir de la maison où tu es, et tu veux que je parte sur-le-champ pour aller te chercher... Cela tient à ta vivacité, qui veut que tout se fasse selon tes désirs..... Allons, prends patience, ne sois pas si exigeante, et reprends en moi la confiance que tu avais jadis. Crois bien que je ne veux pas t'abandonner et te laisser dans la maison de monsieur Bonnet.... Allons, ma chère amie, rentre en toi-même; deviens tout-à-fait raisonnable et soumise à mes volontés comme tu me le dis, et sois bien persuadée que j'abrégerai autant qu'il me sera possible le temps de notre séparation.

« Adieu, je t'embrasse de tout mon cœur, et suis ton meilleur ami.

» Michal. »

(*) C'est-à-dire à Paris.

43

« Grenoble, le 5 décembre 1855.

« MA CHÈRE AMIE,

« Ma réticence à ne pas me rendre à Lyon aussitôt que tu me l'as demandé, t'a fait présumer que je mettais de l'insouciance et peu d'empressement à te voir..... c'est une erreur de ta part, que ta vivacité et ton impatience peuvent seules excuser; car tu connais la sincérité de mes sentiments pour toi; ils sont fondés sur l'estime et l'amitié; c'est donc un sentiment vrai, dégagé de toute passion de jeunesse, qui ne doit finir qu'avec nous.

« Adieu, ma chère amie, conserve ce calme et cette résignation dont tu parais être aujourd'hui bien armée, et qui te rendront au bonheur; compte toujours sur la sollicitude de ton époux, et reçois avec mes embrassements l'assurance des sentiments de la plus tendre affection, qu'il t'a vouée et qui ne s'éteindra jamais.

« Adieu, je t'embrasse de nouveau.

« Michal. »

« Grenoble, ce 12 décembre 1835.

« MA CHÈRE AMIE,

« J'ai reçu ta lettre du 7 du courant. J'y ai vu avec plaisir que ton état de santé se soutenait. (*) Ce que je puis te dire avec vérité, c'est que je serai en route avant le 1er janvier; compte sur ma promesse et sur tout l'empressement que j'ai de te revoir : je n'ai que toi qui occupes ma pensée; je désire me réunir à toi. Je compte faire à Lyon un séjour d'un mois; pendant ce temps, nous nous concerterons ensemble pour notre avenir. Je veux donner suite à l'intention que j'ai de m'établir à Lyon, de partager mon temps entre Lyon et Grenoble, que je ne puis abandonner entièrement. Nous causerons de tout cela, quand nous serons ensemble; et j'espère que tu approuveras mon projet.

(*) Infame ! mon bras toujours démis !

« Adieu, ma chère amie, je t'embrasse de tout mon cœur, et te renouvelle l'assurance de ma tendre et sincère affection.

« *Michal.* »

Lyon, le 27 décembre 1835.

« MA CHÈRE AMIE,

« Je m'empresse de t'annoncer mon arrivée, afin de t'éviter une surprise; et demain j'aurai le plaisir de t'embrasser entre onze heures et midi.

« Je te réitère l'assurance de ma tendre affection.

« *Michal.* »

A la première visite de monsieur Michal chez monsieur Bonnet, il me dit que « son intention n'était que de me faire une visite, et non de me sortir. » Il repartit de Lyon pour Grenoble le 15 janvier 1836.

Les détails sur son séjour à Lyon sont contenus dans mon mémoire, et d'après la lettre suivante on voit qu'il m'a laissée fermée :

« Grenoble, le 17 janvier 1836.

« MA CHÈRE AMIE.

« Me voilà de retour à Grenoble en parfaite santé, malgré les fatigues de la route; le froid et le mauvais temps; mais une bonne nuit a tout réparé : maintenant je ne m'en ressens plus. Mon premier soin est de m'entretenir avec toi.... J'aurai peu de chose à t'apprendre, mais je te dirai tout.

« Aussitôt après mon arrivée, j'ai eu la visite de toute la famille : grands et petits, tous sont venus me présenter leurs embrassades et salutations respectueuses. Je les ai accueillis avec froideur, mais sans mauvaise humeur; j'ai refusé toute invitation à dîner, et leur ai dit que « mon intention était de rester seul chez

moi, jusqu'à ce que le temps fût arrivé où je pusse être avec toi; qu'alors s'ils se
conduisaient comme des enfants qui aiment leurs parents, et qu'ils eussent pour
toi les égards et le respect que tu mérites, notre réunion serait générale et nous
les recevrions avec plaisir. » Leur empressement à demander de tes nouvelles,
les promesses qu'ils m'ont faites pour l'avenir ont été satisfaisantes, et je dois présumer que cette leçon sera utile. Ils m'ont demandé s'ils pouvaient t'écrire de temps
en temps; je leur ai dit que je te consulterais à cet égard, mais que je n'y voyais
aucun inconvénient. — Tu me diras sur cela ce que tu voudras. Nous allons reprendre notre correspondance; je t'écrirai toutes les semaines; tu en feras autant :
cela nous aidera à supporter notre séparation jusqu'au mois de mars, où je t'ai
promis d'aller à Lyon. Je tiendrai ma promesse, et tu peux y compter.

« Adieu, ma bonne amie; je t'embrasse de tout mon cœur, en te réitérant
l'assurance de ma tendre affection. Ton époux et sincère ami,

« Michal. »

On voit par cette lettre que mes enfants n'osaient pas m'écrire et qu'ils
s'avouaient coupables; que mon mari convient qu'ils ont des torts envers
lui et envers moi..... hé! c'est moi qu'on sacrifie..... Plaignez, lecteur,
cette malheureuse épouse et mère!

« Grenoble, le 24 janvier 1836.

« MA CHÈRE AMIE,

« Depuis mon arrivée ici, j'ai constamment demeuré seul; j'ai refusé toutes
les invitations qui m'ont été faites. Mes journées se passent au comptoir; le soir je
vais au Cercle, pour y voir jouer une heure, après laquelle je rentre souper et
me coucher : voilà ma vie, je n'en changerai pas.

« Olympe a reçu une lettre d'Adèle, qui lui annonce avoir ta lettre et la mienne.
Je pense qu'elle t'écrira; en attendant je t'envoie une lettre d'Olympe, qui m'a
paru très contente de pouvoir t'écrire et d'apprendre que tu recevrais ses lettres
avec plaisir. Je dois croire que Léon suivra son exemple, et que ma première en
renfermera une de lui.

« Adieu, ma chère amie ; je t'embrasse de tout mon cœur, et t'invite à être plus confiante dans l'attachement d'un mari qui t'a toujours aimé, et qui ne t'abandonnera jamais. Cesse de le croire heureux ; il ne l'est pas, il ne pourra l'être que lorsque le bonheur et la tranquillité seront rentrés chez lui.

« Michal. »

Monsieur Michal, en parlant de Lyon, m'avait fait un modèle de lettre pour mes enfants, qu'il exigea que je leur écrivisse, sous peine de rester fermée. C'était une lettre de pardon général, un oubli des maux passés. A la force point de résistance. Leurs réponses furent très laconiques..... On me les a soustraites.

« Grenoble, le 31 janvier 1836.

MA CHÈRE AMIE,

« J'ai reçu ta lettre du 27. Elle m'a fait de la peine : tu y renouvelles tes plaintes et tes reproches contre moi et contre la famille. Cependant, lorsque je te fis mes adieux, à Lyon, tu étais plus raisonnable : nous convînmes de ce que nous ferions à l'avenir ; tu me promis d'attendre mon retour, qui devait avoir lieu dans les premiers jours de mars. Je t'ai réitéré cette promesse, et assurément je la tiendrai. Pourquoi donc m'adresser de nouveaux reproches ? je ne crois pas les mériter : mon attachement pour toi a toujours été sans bornes.

« Tu me dis que c'est une dérision que ton état de pensionnaire volontaire chez monsieur Bonnet, puisque tu ne peux sortir sans être accompagnée..... Mais je ne vois pas pourquoi tu te plaindrais d'avoir avec toi quelqu'un qui pût t'être utile pendant tes absences de la maison ; et tu dois te rappeler que tu y avais consenti volontiers. — Tu n'es pas à ta place... J'en conviens : nous devons être ensemble, et tu sais que je ne demande pas mieux ; mais le moment n'est pas venu. Attends donc le mois de mars : il n'est pas éloigné ; et la promesse que je t'ai faite sera fidèlement exécutée. Ne crois pas que je veuille chercher des subterfuges, ainsi que tu me le dis, pour différer notre réunion et la renvoyer du mois de mars au mois de juin : je n'ai point eu cette intention, et encore moins celle de te tromper. Ainsi, tes reproches me désespèrent, et je ne sais plus maintenant ce que je dois faire pour ta satisfaction.

« Allons, ma bonne amie, reviens à des sentiments plus confiants et moins pénibles ; compte sur ma tendresse, et sois bien persuadée que je ne désire que d'obtenir le calme et la tranquillité, en me réunissant à toi. Je n'ai pas dit, non plus, à nos enfants que tu ne retournerais plus à Grenoble ; mais il est vrai que je leur ai dit que mon intention était de passer une partie de l'année à Lyon avec toi. Ils savent bien, et tu le sais aussi, que je ne puis quitter Grenoble tout-à-fait : ma fortune, mes affaires m'obligent toujours à y passer quelque temps par intervalle. J'ai d'autant plus de facilité à réaliser mon projet, que, ne m'occupant plus activement des affaires du comptoir, ma présence suffit pour que la maison roule toujours sur le même pied.

« Tes enfants t'ont écrit à l'époque de ta fête, à celle du jour de l'an ; Olympe vient de t'écrire de nouveau. Si leur style n'est pas aussi sentimental que tu l'aurais désiré, il n'est pas moins respectueux. Ma conduite avec eux, les observations que je leur ai faites, l'assurance que je leur ai donnée que j'apprécierais leur conduite envers toi comme si elle est tenue envers moi, me donnent la certitude qu'à l'avenir ils auront pour nous le respect, les égards que nous avons droit d'en attendre. Ne crois pas qu'ils désirent nous voir éloignés pour toujours : cela n'est pas possible ; nous leur sommes trop nécessaires ; et comme ils sont tous établis et hors de notre tutèle, notre présence ne peut que leur être agréable.

« Cesse de croire que je veuille me réunir à eux pour t'accabler : tu seras toujours l'objet de ma prédilection, et je ne puis espérer de bonheur sur mes vieux jours, qu'autant que je les passerai avec toi. Mais je désire les passer dans un état de calme et plus tranquilles que ceux qui se sont passés depuis quinze mois. N'aie donc aucune crainte à cet égard ; crois à l'attachement sincère de ton époux, et surtout prends en lui grande confiance

« Adieu, ma bonne amie ; je t'embrasse de tout mon cœur. Ne nous entretenons plus à l'avenir que du plaisir de nous revoir et de ne plus nous séparer ; espérons que nos chagrins auront un terme. Tu as soulagé ton cœur ; cessons toute récrimination, et ne nous occupons plus que de choses agréables. Nous ne sommes plus que nous deux ; notre tâche est remplie : nos enfants sont établis ; nous ne devons plus nous inquiéter de leur sort ; qu'ils travaillent, qu'ils fassent comme nous. Tâchons de passer le peu de temps qui nous reste dans une position plus conforme à nos goûts, et surtout plus heureuse.— Je partirai d'ici dans les premiers jours du mois de mars ; nous passerons ensemble à Lyon tout le temps que nous pourrons, et fixerons nos plans pour l'avenir. Ton époux et bien sincère ami,

« *Michal*. »

On voit par la lettre de monsieur Michal en réponse à la mienne, que je me plaignais de la démarche qu'il m'avait fait faire, « d'écrire la première à mes enfants. » ; qu'ils s'en prévalaient dans leurs réponses ; qu'il cherche à pallier leurs torts, mais qu'il convient toujours qu'ils en ont eu.

On voit aussi que mes enfants convenaient que leur père ne me laisserait pas revenir à Grenoble. On voit encore que monsieur Michal, m'ayant laissée chez Bonnet, pour calmer mes doutes avait consenti à ce que je sortisse à l'avenir accompagnée.

« Grenoble, le 7 février 1836.

« MA CHÈRE AMIE,

« Je t'ai écrit dimanche dernier, et après avoir mis ma lettre à la poste, j'ai reçu la tienne du 28 janvier passé ; je ne pus y répondre. J'attendais jeudi une lettre de toi ; cependant je n'en ai point reçu ; ce silence m'afflige, et je ne sais qu'en penser. J'augure que tu as attendu que j'eusse répondu à ta lettre ; car je ne pense pas que tu puisses avoir un autre motif, n'ayant rien changé aux arrangements que nous avons pris ensemble à Lyon, et que j'ai l'intention d'exécuter fidèlement. Si j'étais comme toi, j'attendrais, avant de t'écrire, la réponse à ma lettre de dimanche ; mais je t'ai promis de t'écrire toutes les semaines, et je remplis ma promesse : j'éprouve de la satisfaction à m'entretenir avec toi, et je ne veux pas me priver de ce plaisir.

« Je n'ai rien de particulier à te dire ; mon temps se passe au comptoir et au Cercle ; ma vie est bien monotone, et tu dois croire que je désire bien la rendre plus agréable en revenant à la position dans laquelle nous étions il y a deux ans.

« Adieu, ma chère amie! je t'embrasse de tout mon cœur, et suis ton meilleur ami,

« Michal.

« **P. S.** Olympe me charge de te remettre la lettre ci-jointe :

« Grenoble, le 7 février 1856.

« MA CHÈRE MAMAN,

« Les dernières nouvelles que le papa a reçues de toi nous donnent l'espérance de te revoir bientôt parmi nous. Je n'ai pu résister au désir de prendre la plume pour te témoigner toute ma joie d'une aussi bonne nouvelle.

« Sois persuadée, ma chère Maman, que je n'aurai jamais un moment de bonheur tant que je te sentirai éloignée ; et la crainte de te voir préférer le séjour de Lyon à celui de Grenoble m'a tenue jusqu'à ce jour dans un état d'inquiétudes continuel ; heureusement elles sont toutes dissipées, et je ne songe maintenant qu'au plaisir de te revoir. Chacun dans ce monde a, dit-on, sa part d'afflictions ; la nôtre a été si grande, nous avons été si malheureux, que nous devons nous bercer de l'espoir de les voir se terminer. Je fais des vœux pour que nul obstacle ne s'oppose au bonheur dont nous devons jouir. Le papa m'a dit devoir aller te chercher au commencement de mars ; l'époque est encore trop éloignée au gré de mes désirs ; mais la pensée qu'un voyage entrepris dans une si mauvaise saison pourrait altérer ta santé, me fera supporter plus facilement cette privation. J'espère, ma chère Maman, que tu voudras bien me donner de tes nouvelles aussi souvent que tu le pourras sans te fatiguer ; et sois bien convaincue que ta famille ne vit qu'avec l'espoir de te voir au milieu d'elle, ce qui assurera son bonheur. Je te prie, en attendant, de croire au sincère attachement de ta fille, qui n'a jamais cessé de te chérir.

« Olympe Margot, née Michal. »

7

On voit par la lettre de madame Olympe Margot, qui habite Grenoble, et dont le mari est associé avec le mien, que le père les a repris de m'avoir avoué qu'il ne voulait pas me ramener à Grenoble, et qu'il lui a dicté sa lettre, pour me dissuader et me laisser l'espérance.

« Grenoble, le 14 février 1836.

« MA CHÈRE SOPHIE,

« J'ai reçu ta lettre du 10 du courant, dans laquelle tu me dis hardiment que je suis toujours le même, que j'emploie la ruse et le mensonge. — C'est bien moi qui dois t'adresser ce reproche : ce que je dis est l'exacte vérité.

« Je n'ai point reçu de lettre de toi datée du 3 de ce mois; si je l'avais reçue j'y aurais répondu comme j'ai fait de toutes les précédentes. Cesse donc, ma chère amie, toute plainte à cet égard : tu vois qu'elle ne serait pas fondée; prends donc plus de confiance en moi; crois bien que je ne veux employer ni ruse ni tromperie, je veux tenir toutes les promesses que je t'ai faites.

« Je voudrais bien pouvoir en dire autant de toi! j'en conserve du moins l'espérance. Sans doute mon intention est de te faire plaisir, mais je réfléchis mieux que toi; et comme je dois rester à Lyon une grande partie du mois de mars (*), que Pascal cadet doit s'y rendre pour terminer la vente du terrain, ce n'est donc que dans les derniers jours de mars que je puis me mettre en route; tu peux y compter pour cette époque, et nous en sommes convenus ensemble. Prends donc patience; je t'en prie, cherche à prendre quelques distractions.

« Adieu, ma bonne amie! Remets la lettre ci-jointe à monsieur Bonnet, et ne doute jamais du tendre attachement de ton époux et sincère ami,

« MICHAL. »

(*) On voit par cette lettre que c'est pendant que j'étais chez les Bonnet, qu'*il a vendu le jardin de ma mère*, à laquelle vente je m'opposais; que nous avions eu des discussions, et qu'il m'avait refermée pour le faire sans mon consentement.

« **P. S.** Voici la lettre de Léon. Je désire qu'elle te soit agréable ! Ce que je puis
te dire avec vérité, c'est que je ne dis rien à mes enfants ; je ne leur trace jamais
leur devoir, et ils t'écrivent sans que je leur dise de le faire. Ma lettre, datée de
Lyon, que je te fis voir, a dû te le prouver ; ainsi, comme ils agiront, nous
agirons (*).

« Adieu, je t'embrasse de tout mon cœur. Prends un moment pour répondre
à tes enfants : ton silence leur ferait croire, que leurs lettres seraient mal accueillies
par toi ; et lorsqu'ils font leur devoir, nous devons leur en témoigner notre
satisfaction. »

La lettre de mon fils étant insignifiante, je ne la transcris pas ; prenez la
peine de relire ci-dessus celles du père et des enfants, et vous verrez comme
elles se contredisent. L'intention de monsieur Michal n'a jamais été de me
ramener à Grenoble. On cherchait à m'abuser, et la lettre dont il est parlé
ci-dessus, adressée à monsieur Bonnet, et que monsieur Michal me chargeait
de lui remettre, en était une preuve, comme le mari et la femme me le disaient
constamment : « Votre mari a juré que vous ne retourneriez jamais à Grenoble. Nous ferons tout ce que nous pourrons pour vous faire passer votre temps
agréablement ; car si vous persistez à sortir d'ici, il vous refermera ailleurs. »
Ils eurent la confiance de me montrer leur lettre, où il leur disait : « Tâchez
de distraire ma femme, parce que je ne veux pas me rendre à Lyon avant
la Saint-Jean. » Monsieur et madame Brun me disaient la même chose. Je
vis donc que j'étais fermée pour la vie. Je fis le projet de m'échapper ; ce
que j'exécutai le 15 février 1836.

Voici la lettre qu'il écrivit en réponse à celle de mon frère l'aîné (**) et à
la mienne :

(*) On voit la Providence qui veille toujours sur moi ; car monsieur Michal, quand il m'écrivait,
mettait toujours ma lettre dans une à monsieur Bonnet, pour que je ne visse pas le timbre ; et celle
de monsieur Bonnet, où il lui marquait de me donner des distractions, pour me faire prendre
patience, vu que son intention n'était pas de me voir avant la Saint-Jean, il l'a mise dans la mienne.
Alors les Bonnet n'ont pu me la cacher.

(**) Chez qui je m'étais réfugiée.

« Grenoble, le 18 février 1855.

« Ma chère Sophie,

« Tu as fait une véritable équipée en quittant la maison de monsieur Bonnet pour venir t'installer chez ton frère, sans m'avoir prévenu de ton intention. Ce n'est pas là un acte de raison : tu aurais dû penser qu'agissant ainsi, tu devais me donner de l'inquiétude. Ta lettre du courant m'a fait part des motifs qui t'ont engagée à prendre ce parti ; tu peux avoir quelques raisons, et comme toi je savais que tu n'étais pas à ta place, et que la vue des habitants de cette maison, autres que monsieur et madame Bonnet, pouvaient t'inspirer de l'éloignement..... Ce n'était pas une raison pour en sortir sans rien dire ; tu aurais dû attendre mon arrivée pour t'en éloigner. Tu devrais te rappeler aussi que nous avions été parfaitement d'accord sur nos projets pour l'avenir, et que tu m'avais fait la promesse de rester jusqu'aux premiers jours de mars, époque à laquelle je t'avais promis de venir te voir, te sortir de chez monsieur Bonnet et prendre des arrangements pour nous établir à Lyon.

« Certes, tu aurais bien pu attendre quinze jours de plus, et je t'avoue que j'ai vu ton déplacement avec peine. Je ne suis point fâché de te savoir chez ton frère : je suis persuadé qu'il aura pour toi tous les soins et les égards possibles ; je crois aussi que les domestiques seront empressés pour toi. Enfin la chose est faite, je ne veux pas m'en fâcher ; cependant je dois te dire que je verrais avec plaisir que tu retournasses chez monsieur Bonnet jusqu'à mon arrivée.

« Adieu, ma chère amie, je compte sur ton empressement à souscrire à ce que j'exige de toi, comme tu peux compter sur mon attachement et ma sollicitude. Ne continue pas à n'agir que d'après ta tête et ta volonté : nous ne pourrons jamais avoir de jours heureux, qu'autant que tu deviendras douce et entièrement soumise à ton époux, qui t'aime et ne désire que ton bonheur, puisque le sien y est attaché.

« Je t'embrasse de tout mon cœur et suis toujours ton meilleur ami,

« Michal. »

On voit que monsieur Michal me fait pate de velour pour me faire rentrer chez les Bonnet; mais la lettre de monsieur Michal qu'ils m'avaient fait lire m'avait décillé les yeux.

« Grenoble, le 20 février 1856.

« MA PAUVRE SOPHIE,

« Ton esprit de défiance est toujours le même; tu me supposes des intentions que je n'ai pas. Pourquoi penser qu'en t'engageant à rentrer chez monsieur Bonnet, j'eusse l'intention de t'y laisser encore long-temps? Si telle eût été mon idée, j'eusse bien empêché que tu ne sortisses, et j'aurais recommandé de te veiller de près. Je persiste donc à te dire que tu n'aurais rien de mieux à faire que de retourner chez monsieur Bonnet. Rappelle-toi aussi que le bonheur des époux ne peut être que dans la confiance, et surtout dans la soumission de l'épouse aux volontés de son mari.

« Tu sais qu'il fut convenu avec monsieur et madame Bonnet que tu serais pensionnaire volontaire, ayant la faculté de sortir lorsque cela te ferait plaisir, à la seule condition qu'une personne t'accompagnerait, afin de ne pas te laisser aller seule. Tu n'es donc pas prisonnière, et tu peux te considérer comme pensionnaire. Réfléchis à ce que je te dis, et si ton mari a l'intention de te tyranniser comme tu parais le croire.... Ah! ma pauvre Sophie, que cette pensée est affligeante pour moi, qui ne désire que l'instant où nous pourrons nous réunir.

« Je t'envoie une lettre d'Olympe (*), qui m'a paru très contente de pouvoir t'écrire, et de ce que tu recevrais ses lettres avec plaisir. Je dois croire que Léon suivra son exemple, et que ma première en renfermera une de lui.

« Michal. »

Je suis restée, malgré son hypocrisie, chez mon frère l'aîné : s'il avait eu l'intention de me sortir le 1er mars, étant au 21 février, il ne valait pas la peine de rentrer en prison; mais j'avais vu la lettre des Bonnet, où il marquait ne pas vouloir me sortir.

(*) Une de mes filles, Olympe Margot, qui ne m'écrivait pas, parce que nous étions en froideur.

« Marseille, le 15 mars 1856.

MA CHÈRE MAMAN,

« Je viens t'exprimer toute la satisfaction que j'éprouve de ton prochain retour à Grenoble. Je n'en jouirai pas, puisque je ne puis quitter Marseille qu'en septembre; mais au moins j'aurai plus souvent de tes nouvelles, Olympe et Léon étant auprès de toi : ce sont eux qui jusqu'à ce jour m'en ont transmis.

« Je ne désire rien qu'une chose dans ce monde : c'est de te prouver que je suis toujours digne de toi, et de recevoir ta tendresse.

« Je sais, chère Maman, que le papa est auprès de toi, cela me fait plaisir; j'apprendrai aussi avec satisfaction votre arrivée à Grenoble, et quand tu le pourras, écris-moi; songe un peu à ta fille, qui t'aime.

« Reçois, ainsi que mon père, l'assurance de mon profond respect.

« Adèle Dufay, née Michal. »

C'est celle de mes filles qui m'a fait le plus de mal.

« Grenoble, le 9 avril 1856.

« MON CHER PAPA,

« N'ayant pas reçu depuis long-temps de tes nouvelles ni de celles de maman, mon inquiétude à son sujet s'est augmentée par ce silence, et je viens te prier de me donner quelques détails que je désire bien vivement connaître. J'avais espéré que votre séjour à Lyon touchait à sa fin; mais ne recevant aucun avis de votre prochaine arrivée, cela me fait craindre d'être forcée de rester encore long-temps éloignée de vous. D'après cela, ne pouvant résister au désir de vous embrasser, j'ai formé le projet d'aller te faire une visite, ainsi qu'à la maman. Je te prie, mon cher Papa, de vouloir bien me dire si elle pourra vous être agréable; d'après ta réponse je me mettrai en route, après que je me serai débarrassée de quelques accès de fièvre qui sont venus m'assaillir ces jours derniers. J'espère, avec des soins, en être quitte sous peu, et j'attends avec impatience que tu veuilles bien agréer ma demande, en me donnant de vos nouvelles le plus tôt possible.

« Reçois, cher Papa, l'assurance du sincère attachement de ta fille, qui te chérit toujours.

« Olympe Margot, née Michal.

« Je te prie d'embrasser la maman pour moi. »

Monsieur Michal était de retour à Lyon depuis la fin de février, et comme il n'y avait point d'appartement vacant dans notre maison, il était venu habiter l'hôtel du Midi, rue de la Barre, avec moi. Il était parti de Grenoble en froideur avec ses enfants; le public murmurait de sa longue absence, et de peur du crédit on avait pensé de nous envoyer madame Margot pour le ramener à Grenoble. Monsieur Michal est reparti de Lyon avec sa fille le 25 avril, et ils m'ont laissée seule à l'hôtel. Elle était arrivée à Lyon le 15 avril; et pendant ce laps de temps je l'ai comblée de ma tendresse, et lui ai prouvé que j'avais oublié les maux qu'ils m'avaient faits.

« Grenoble, le 27 avril 1836.

« Ma chère amie,

« Nous sommes arrivés à Grenoble en très bonne santé, Olympe et moi. Je ne puis rien t'apprendre de particulier : il n'y a pas assez long-temps que je suis ici. Je t'écrirai dimanche prochain, et te dirai tout ce que je croirai pouvoir t'intéresser. J'attends une lettre de toi, dans laquelle tu me diras tout ce que tu as fait depuis mon départ, si tu te trouves bien et surtout contente à l'hôtel du Midi. Adieu, ma chère amie! je t'embrasse de tout mon cœur, et suis toujours tout à toi.

« Michal, »

« Olympe t'embrasse et me charge de te dire qu'elle t'écrira demain ou après-demain. »

« Grenoble, le 28 avril 1836.

« Ma chère Maman,

« Je ne sais comment t'exprimer ma reconnaissance pour toutes les marques d'attachement que tu m'as données pendant mon séjour près de toi, dont j'aurais bien désiré prolonger la durée ; je me plais à me les retracer continuellement, et elles m'aident à supporter plus facilement la solitude où je me trouve.

« Tu avais bien raison de me le dire à mon arrivée : j'ai trouvé une si grande différence entre mon pays et le tien, que, malgré moi, je suis forcée de te laisser la victoire. Il faut convenir aussi que la vie agréable que j'y ai menée, était tellement de mon goût, je m'en trouvais si bien, qu'il me faut maintenant avoir recours à toute ma raison pour me plaire à mes paisibles travaux de ménage.

« J'ai trouvé ma petite Sophie un peu malade, et ces petites misères sont cause qu'il me faut renoncer au voyage de Paris : c'eût été pour moi trop de bonheur, et ma mauvaise étoile est venue s'y opposer. Il faut me résigner, et me dire que je suis trop heureuse d'avoir fait celui de Lyon, dont l'exécution m'a comblée de joie.

« Maintenant je suis contente de te savoir bien portante sous tous les rapports et disposée à faire un voyage qui t'offre beaucoup d'attraits ; toutes ces considérations font que j'attendrai plus patiemment ton retour, en me disant qu'après une vie aussi agitée, tu auras besoin de repos ; alors tu éprouveras moins de peine à revenir près de nous. Si je le puis, j'irai, à la Saint-Jean, vous rejoindre ; mais je ne me berce pas de ce projet, qui peut échouer comme bien d'autres. Profite, ma chère Maman, à présent que tu es libre de tout embarras, pour jouir de tous les plaisirs que tu pourras te procurer ; je te promets d'en faire autant, lorsque mon moment sera venu. Que de choses tu auras à me raconter à ton retour de la capitale ! Je compte bien sur ta complaisance pour me donner à cet égard tous les détails possibles ; ce sera du moins un dédommagement pour moi.

« Reçois, ma chère Maman, l'assurance du sincère attachement de ta fille, qui fera tout ce qu'elle pourra pour contribuer à ton bonheur.

« Olympe Margot, née Michal. »

Monsieur Michal, pour m'abuser, m'avait promis de me mener à Paris et d'y mener aussi madame Margot, ajoutant que d'après ce, il était inutile de venir avec eux à Grenoble pour si peu de temps; qu'il allait à Grenoble pour affaire et reviendrait à mi-mai, et nous exécuterions à cette époque ce voyage. Eh! vous voyez qu'on suppose une maladie pour que madame Margot ne vienne pas!... Suivez ces hypocrites jusqu'au bout, et vous plaindrez, lecteur, cette malheureuse épouse et mère.

« Grenoble, le 28 avril 1836.

« MA CHÈRE AMIE,

« Léon m'ayant témoigné le désir qu'il avait d'aller t'embrasser, je n'ai pas cru devoir m'opposer à son empressement; comme tu ne t'attendais pas à cette visite sitôt, je me fais un plaisir de t'en prévenir, pour t'éviter une surprise, qui, je le pense, te sera agréable; j'espère bien qu'ayant reçu Olympe sans rappeler le passé, il en sera de même avec Léon, qui, de son côté, cherchera à ne pas te faire regretter de l'avoir reçu. Il partira demain au soir, samedi, et sera à Lyon dimanche au matin. Son séjour ne doit être que jusqu'à lundi au soir : nos affaires exigent qu'il ne reste pas absent plus long-temps. Il te portera la lettre que je devais t'écrire dimanche.

« Adieu, je n'ai qu'un instant pour t'annoncer ce départ, que je n'ai appris qu'aujourd'hui, lorsqu'il m'en a demandé l'autorisation. Je t'embrasse de tout mon cœur et suis tout à toi,

« MICHAL. »

A l'arrivée du père et de la fille, voyant tous que leur inquiétude était passée, vu le retour de monsieur Michal à Grenoble, pour faire preuve aussi d'égards et pour fasciner les yeux du public, mon fils proposa de me faire aussi une visite. Il arriva le 1er mai et repartit le 4.

« Grenoble, le 1er mai 1836.

« MA CHÈRE AMIE,

« J'ai reçu les deux lettres que tu m'as écrites le 26 et le 28 de ce mois. La dernière m'accuse la réception de celle que je t'envoyai le lendemain de mon arrivée ici. Je vois avec plaisir que tu es restée la même qu'au moment de notre séparation, et que tu te trouves bien dans l'hôtel que nous avons habité ensemble. Tu dois penser que les détails que tu me donnes sur l'emploi de ton temps, m'ont intéressé ; et je désire que tu me continues ton journal ; mais, comme, il ne faut pas te fatiguer en correspondance, nous nous en tiendrons aux jours convenus : je t'écrirai tous les dimanches, tu me répondras tous les mardis ou le mercredi, au plus tard le jeudi. Ainsi nous tiendrons nos promesses, et nous attendrons l'époque du 15 mai, où je dois aller te rejoindre.

« Olympe est revenue enthousiasmée de son voyage à Lyon et de la bonne réception que nous lui avons faite. Elle t'a écrit jeudi pour t'en témoigner sa reconnaissance. Il est bien certain qu'elle regrette beaucoup de ne pas faire avec nous le voyage de Paris ; mais elle doit en faire le sacrifice à son mari et à sa petite, qui réclame ses soins et sa présence : la petite a été réellement malade, non pas sérieusement, mais elle a la tête enflée et beaucoup de croûtes de râche par la figure. Cela ne sera rien sans doute ; mais pour des pères et mères qui n'ont qu'un enfant, c'est une maladie très importante. Il faut leur laisser faire leur volonté. Nous avons cru devoir lui offrir ce voyage à nos frais, pour témoigner à Olympe notre satisfaction d'être venue nous voir à Lyon. Elle ne peut profiter de cette offre ; tant pis pour elle : nous ferons l'économie de cette dépense ; je ne vois pas un grand mal à cela. Tu as raison de dire : « Les enfants établis sont perdus pour les parents ; ils ont d'autres devoirs à remplir ; la nature le veut ainsi. » C'est aux pères et mères à se bien pénétrer de cette vérité et de renoncer à eux, en exigeant toutefois le respect et les égards qui leur sont dus, et disant toujours : « Comme vous ferez nous ferons. » Si nous avons eu à nous plaindre de notre famille, bien d'autres parents sont plus mal partagés et éprouvent des chagrins plus cuisants ; aussi estimons nous encore heureux, et surtout restons constamment unis ; le temps les ramènera sans doute à leur devoir.

« Je t'ai écrit hier pour t'annoncer le projet de Léon d'aller te rendre une visite et de rentrer dans tes bonnes graces ; je ne doute pas que cette démarche de sa part ne te fasse plaisir, et je ne me suis point opposé à son voyage. Je désire voir rétablir la bonne harmonie dans ma famille, et tout en conservant la dignité qui convient à un père, je veux tâcher d'oublier le passé, si le présent et le futur me donnent de la satisfaction.

« Je remets ma lettre à Léon, et je la devance pour qu'il en soit porteur. Je n'ai pas grand chose à te dire : depuis mon retour, je ne me suis occupé que de quelques affaires qui me sont particulières, telles que la rentrée de mes loyers de Pâques.

« Adieu, ma chère Sophie ! Je pense que Léon m'apportera une lettre de toi, ou que tu m'écriras mercredi prochain. Le temps me dure de te rejoindre et de te savoir seule ; mais tu m'as promis de prendre patience et d'attendre mon retour de ne point t'inquiéter. Je compte sur ta promesse et t'embrasse de tout mon cœur (*),

« *Michal.* »

« Olympe ne cesse de parler de son séjour à Lyon, du bon accueil qu'elle a reçu de toi, et manifeste hautement le désir d'y retourner à la Saint-Jean ; elle t'a écrit pour te témoigner sa reconnaissance et son empressement à te voir (**). »

(*) Voilà encore une lettre de monsieur Michal qui prouve que ses enfants me faisaient du chagrin. *Le temps les ramènera peut-être à leur devoir.* Voilà donc une phrase qui prouve qu'ils s'en sont écartés ! L'enthousiasme de sa fille sur la réception que je lui ai faite, prouve donc que je ne suis pas une mère haineuse, que je sais pardonner et ai toujours de la tendresse pour eux ; et, malgré de si belles preuves de mon bon cœur, on combine une troisième incarcération. *Rentrer dans tes bonnes graces,* ils se sont donc mis dans le cas que je les leur retire ? *Je veux voir la bonne harmonie rentrer dans la famille ; je veux tâcher d'oublier le passé, si le présent et l'avenir me donnent de la satisfaction.....* Eh ! toujours moi que l'on sacrifie !..... Grand Dieu ! quand ferez-vous cesser une telle injustice ?

(**) Appât pour me retenir sans crainte.

« Grenoble, le 5 mai 1838.

« MA CHÈRE MAMAN,

« Depuis que je suis revenue à Grenoble, j'ai toujours été malade ; j'attribue cette augmentation dans mes misères à la différence de position dans laquelle je me trouve depuis mon retour. Je n'ai pu faire la plus petite promenade : il a fait un temps si affreux, que le meilleur était de garder le coin du feu. Je ne puis croire qu'il fasse aussi mauvais temps à Lyon, et je te félicite bien sincèrement que tu ne sois pas revenue avec nous. J'attends avec impatience le retour de Léon : il me donnera de tes nouvelles, me dira comment tu passes ton temps, et tous ces détails me font grand plaisir.

« Reçois, ma chère Maman, l'assurance du sincère attachement de ta fille, qui te chérit,

« **Olympe Margot, née Michal.** »

« Grenoble, le 11 mai 1850.

« MA CHÈRE AMIE,

« Léon, à son arrivée, jeudi dernier, me donna de tes nouvelles ; elles étaient très satisfaisantes. Il m'apprit que madame Nugue, mère de madame Nadau femme de l'avocat général, t'avait menée à la campagne passer deux jours ; et il m'annonça qu'à ton retour tu répondrais aux lettres que je t'avais écrites ; depuis lors je suis sans nouvelles de toi, je ne sais ce que tu es devenue ; ton silence me tient en peine. Je t'engage à ne pas retarder plus long-temps de m'écrire. Je comptais partir dimanche ou lundi ; mais je ne le pourrai, si tu ne me demandes pas les objets que tu veux que je t'apporte. Ainsi réponds-moi le plus tôt possible, et aussitôt que j'aurai mes paquets faits et les liens, je me mettrai en route pour te rejoindre.

« Adieu ! je t'embrasse de tout mon cœur, et suis tout à toi,

« **Michal.** »

Vous voyez par la lettre qui précède que j'étais liée avec la famille Nadau.

« Grenoble, le 15 mai 1836.

« Ma chère amie,

« Léon m'ayant témoigné le désir de t'écrire pour te remercier de la bonne réception que tu lui as faite à Lyon, je joins ce bout de lettre à la sienne et t'embrasse de tout mon cœur. Ton meilleur ami,

« Michal. »

« Grenoble, le 15 mai 1856.

« Ma chère Maman,

« J'attendais toujours pour t'écrire que tu nous eusses annoncé ton retour de la campagne de madame Nugue (*), mais étant toujours sans nouvelles de toi, je me suis décidé à te parler de mon retour à Grenoble, où j'ai repris mes occupations habituelles tout en regrettant que la joyeuse vie de Lyon ne puisse pas durer toujours. Le papa sera auprès de toi dans deux ou trois jours. Il était fort embarrassé pour en fixer le jour, car il attendait une note que tu devais lui adresser pour lui désigner les objets dont tu as besoin pour ton voyage de Paris. Cette note qui n'arrive pas, le contrarie beaucoup ; cependant, ne voulant pas retarder plus long-temps son arrivée auprès de toi, il se décide à partir. Olympe pourra la remplacer dans les soins à donner à l'envoi de ces divers objets, et par ce moyen tu n'éprouveras aucun retard. Nous te voyons faire les préparatifs de ce voyage avec le plus grand plaisir, moi surtout qui peux juger de l'agrément qu'il te procurera. Je termine en te priant de te ressouvenir que la réception qui t'attend à

____

(*) Mère de madame Nadau femme de l'avocat général.

ton retour à Grenoble, te fera oublier bien de petites contrariétés passées. Nous nous portons tous à merveille, et nous t'embrassons tendrement.

« Adieu ! ma chère Maman. Ton fils, qui te chérit,

« Léon Michal. »

Vous voyez que mon fils est très content aussi de la réception que je lui ai faite, qu'il m'en promet une très belle à mon arrivée à Grenoble (elle est encore à venir jusqu'à ce moment), et qu'il pense qu'elle me fera oublier *bien de petites contrariétés passées* ; c'est traiter bien légèrement de grands maux ! On voit aussi par la lettre de madame Margot, du 30 mai, que monsieur Michal est à Lyon.

« Grenoble, le 14 mai 1836.

MA CHÈRE AMIE,

« J'avais besoin de recevoir ta lettre du 12 du courant, elle vient de m'être remise ; j'étais en peine de toi : ton silence prolongé m'avait fait concevoir des craintes qui heureusement n'étaient pas fondées, et aujourd'hui je suis très satisfait. Je vais m'occuper de faire la caisse des objets que tu me demandes ; lundi, sans manquer, j'aurai le plaisir de t'embrasser.

« Adieu, chère amie ! je t'embrasse et suis ton ami,

« Michal. »

La Tronche (*), le 50 mai 1856.

« Mon cher Papa,

« Les nouvelles que ces messieurs ont reçues de toi ne me satisfaisant pas, je prends la plume pour te prier de m'en donner de plus amples qui me mettent à même de me croire par la pensée au milieu de vous. J'espère que tu auras trouvé la maman aussi bien portante que lorsque nous l'avons laissée, et qu'elle jouit avec toi de toutes les commodités réunies dans son nouvel appartement, qui est, ma foi! bien joli, et où elle se trouvera, sans doute, mieux qu'à l'hôtel, malgré qu'il n'y ait rien à désirer.

« J'ai été bien contrariée d'apprendre que l'oncle le cadet devait arriver dans ce moment à Lyon. Je me fesais une fête de l'embrasser lors de mon prochain voyage de la Saint-Jean sur lequel je compte toujours. Nous serons peut-être quinze ans sans nous revoir; mais il faut bien vouloir ce que l'on ne peut pas empêcher, et tu me feras le plaisir de lui en témoigner tous mes regrets.

« Reçois, en attendant, l'assurance du sincère attachement de ta fille, qui te chérit.

« Olympe Margot, née Michal. »

« Marseille, le 12 juin 1856.

« Ma chère Maman,

« Au retour de son voyage auprès de toi, Olympe m'a fait un sensible plaisir en me donnant aussitôt de tes nouvelles; car elles étaient bien satisfaisantes, et j'envie chaque jour le bonheur qu'elle a éprouvé en t'embrassant; en même temps, pour me donner encore un moment de joie, elle m'a annoncé que tu avais fait le projet de m'écrire..... J'ai attendu avec une vive impatience, et cet espoir ne s'est point réalisé; j'en suis désolée et reprends la plume pour m'entretenir avec toi (plaisir que je n'ose me procurer trop souvent, pensant que mes lettres t'en-

______
(*) Près de Grenoble.

nuient), et pour te prier de m'accorder un léger souvenir , une ligne seulement, dont je serais si contente et bien reconnaissante.

« J'espère que bientôt nous nous retrouverons tous réunis à Grenoble ; mais si tu n'y viens pas, je ne pourrai résister au désir de t'embrasser, alors je te ferai une visite à Lyon, au risque de te déplaire ; mais tu me pardonneras : une mère pardonne toujours à ses enfants.

« Adieu, ma chère Maman, pense à moi, et crois à la tendresse de ta fille,

« Adèle Dufay, née Michal. »

On voit par la lettre de madame Adèle Dufay, du 12 juin, qu'elle se reconnaît coupable, puisqu'elle dit : *Une mère pardonne toujours à ses enfants.*

On voit aussi par la lettre suivante de monsieur Michal, du 13 juin, qu'il est reparti pour Grenoble ; qu'il m'a installée dans notre appartement, rue de la Reine, 6 ; qu'il s'est en allé à huit heures du soir, le jour du reposoir, dimanche, 12 ; qu'il l'a approuvé, a été témoin de tout..... Aujourd'hui il en fait un chef d'accusation contre moi ; cette circonstance a été le début pour me faire refermer.

« Grenoble, le 15 juin 1856.

« J'arrive à l'instant, onze heures du matin, et en parfaite santé, ma chère amie. La nuit a été fraîche. Je m'empresse de te donner de mes nouvelles, et de te demander des tiennes ; car je t'ai laissée si occupée de ton reposoir, que je crains que le tracas que cela t'a donné ne t'ait fait mal. Ta lettre de mercredi ou jeudi me rassurera à cet égard.

« Personne ne sachant ici mon départ de Lyon, la domestique était encore à notre campagne ; je vais la faire prévenir. Toute la famille se porte bien.

« Adieu, ma chère amie ! je t'écris fort à la hâte, comme tu dois le penser, puisque je descends de voiture : je n'ai que le temps de te réitérer l'assurance de ma sincère affection ; je t'embrasse de tout mon cœur,

« Michal. »

« Grenoble, le 16 juin 1836.

« Ma chère amie,

« J'ai reçu les détails que tu m'as écrits sur ton reposoir, avec un sensible plaisir : j'ai été très satisfait de l'éloge que tu en as reçu de la part de monsieur le Curé de la paroisse ; et, te connaissant, je suis convaincu que son approbation a suffi pour te faire oublier toute la peine que cela t'a donnée : comme tu le dis, « un moment de jouissance fait oublier cent ans de chagrins. » Je connais ton activité, ton zèle, ton bon cœur, et le plaisir que tu éprouves à faire une bonne action ; cela te fait tout supporter : peines, fatigues, rien ne te coûte ; mais je ne voudrais pas que tu t'exposasses à porter atteinte à ta santé, à laquelle je tiens beaucoup. Ton bonheur fait le mien ; te savoir heureuse est ma seule ambition.

« Adieu, ma chère amie ; reçois les marques de ma tendre affection.

« Michal.

« P. S. As-tu trouvé une domestique, ou as-tu pris quelqu'un pour te faire compagnie ? car je n'aime pas, comme tu le sais, te savoir seule. Dans ta première lettre, donne-moi à cet égard des détails qui me tranquillisent. »

« Grenoble, le 17 juin 1856.

« Ma chère Maman,

« L'arrivée du papa m'a causé une bien vive satisfaction, en m'apprenant que tu jouis toujours d'une parfaite santé, jointe au contentement de te voir maintenant dans un joli appartement, qui paraît te plaire beaucoup. Le papa m'a dit aussi que tu avais le projet d'aller passer quelques jours à la campagne, chez des dames de ta connaissance (*) ; j'en suis bien aise : tu passeras ton temps plus agréablement, et nous aurons moins de peine de te savoir seule.

______

(*) Toujours madame Nugues mère et madame Nadau, femme de l'avocat général qui a demeuré dans notre maison.

9

« Le papa t'a sûrement fait part du mariage de la sœur de mon mari....... je ne sais si cela ne viendra pas déranger mon projet de voyage. Le moment n'est pas encore fixé ; mais il serait possible qu'il eût lieu au commencement du mois de juillet ; alors il me serait impossible d'y songer pour le moment, ce qui me contrarierait beaucoup. Dans ma première lettre je te ferai part de cette décision ; dans tous les cas je vois approcher avec jouissance le moment où j'aurai le plaisir de t'embrasser, ton retour auprès de nous étant fixé pour le mois prochain. Reçois, en attendant, ma chère Maman, l'assurance du sincère attachement de ta fille,

« Olympe Margot, née Michal. »

« Grenoble, le 28 juin 1856.

« MA CHÈRE MAMAN,

« En voyant partir le papa, je n'ai pu résister au désir de prendre la plume, pour te témoigner toute la contrariété que j'éprouve de ne pouvoir aller t'embrasser comme je l'avais espéré jusqu'à présent ; mais le mariage de ma belle-sœur devant se faire très prochainement, tous ces apprêts de noce me forcent à rester ici pour le moment. J'avais cru, ce printemps, m'être tout-à-fait débarrassée du mauvais génie qui s'était constamment opposé à la réussite de mes projets ; mais je vois qu'il faut m'abonner à le conserver à ma suite. Malgré cela, je ne me lasserai pas d'en faire, et j'espère encore, dans le cas où tu viendrais à prolonger ton séjour à Lyon beaucoup plus, pouvoir, dans un autre moment, effectuer mon voyage auprès de toi.

« J'ai été bien aise de te savoir bien portante ; je m'en réjouis avec toi, en te priant de vouloir bien continuer à te ménager. De mon côté, j'en fais autant ; je ne me porte pas mal pour le moment, et j'espère qu'avec des soins seulement j'obtiendrai le même résultat. Reçois, ma chère Maman, l'assurance du sincère attachement de ta fille, qui t'aime tendrement,

« Olympe Margot, née Michal. »

On voit par les deux lettres de madame Olympe Margot une nouvelle défaite pour ne pas venir à Lyon, par le *soi-disant* projet de mariage de la sœur de son mari, qui est encore en ce moment fille, et que l'on m'attend toujours à Grenoble pour le mois de juillet : c'est pour m'ôter tout soupçon et pouvoir effectuer plus sûrement la troisième incarcération qu'on projète ; et l'on voit que monsieur Michal est de retour à Lyon depuis le 29 du mois courant, et j'ai été fermée chez monsieur Faivre le 6 juillet, même année... Infortunée épouse et mère! lecteurs, plaignez-là.....

Je reprends ici la correspondance de mon mari, interrompue, à la page 37 de ce mémoire, par les lettres que j'avais retrouvées, et qui auraient dû être placées à leur date ; mais l'impression en était déja faite.

« Grenoble, le 15 décembre 1837.

« MA PAUVRE SOPHIE,

« J'ai reçu les deux dernières lettres de mercredi et dimanche 6 et 8. Elles sont toujours les mêmes, remplies d'injures contre moi, contre ta famille et contre tout le monde ; enfin tu n'as pu reprendre un instant de tranquillité, et tes idées n'ont pas changé. Mais! que t'ai-je donc fait pour m'attirer des reproches si sanglants ? Fais un retour sur toi-même et sur le passé, et reconnais ton injustice..... Tu es malheureuse sans doute, et ta position est déplorable ; mais en suis-je la cause ? N'est-ce pas la maladie qui s'est emparée de toi qui a causé tes chagrins et les miens ? Depuis trois ans n'ai-je pas fait tout ce qui a dépendu de moi pour amener ta guérison ? Les voyages réitérés que j'ai faits à Lyon uniquement pour toi lorsque nous étions ensemble, ce dont tu m'as plusieurs fois témoigné ta reconnaissance, ne te prouvent-ils pas tout l'intérêt que ta position m'inspirait, et tout le désir que j'avais de te rendre à la santé et à toi-même ?..... Eh bien ! au lieu de reconnaissance, je ne reçois de ta part qu'injures et mauvais propos. Tu me désignes comme un homme de mauvaise foi, un hypocrite, un bourreau, et mille autres épithètes de cette force, qui sont insupportables..... Je les excuse cependant : je sais que tout vient de la tête, et que le cœur n'y est pour rien. Mais il faut cependant y mettre un terme ; car, si cela devait durer, je finirais par n'avoir avec toi plus de correspondance, et je t'abandonnerais. Mais j'aime à penser que tu reviendras à la raison, et que tu connaîtras aisément combien tu as été injuste à mon égard.

« Tu te plains de mes tromperies et de mes manques de parole dans les promesses que je t'ai faites.... Tu n'as pas raison. Ai-je manqué à aucune de celles que je t'ai faites depuis plus d'un an? Presque tous les mois j'étais à Lyon, et quoique ces courses réitérées à mon âge dussent m'être nuisibles, je les faisais pour te donner une plus grande preuve de mon attachement (*). N'est-ce pas la vérité? Lorsque je te quittai le 3 novembre, après avoir été avec toi quelques jours, tu me fis promettre et signer que je reviendrais à Lyon le 10 décembre, et que je te prendrais avec moi jusqu'au 20 janvier. De mon côté, j'exigeai de toi la promesse, aussi par écrit, que tu demeurerais chez monsieur Caffarel jusqu'à cette époque, et que, dans le cas où tu n'y resterais pas, tu retournerais chez monsieur Faivre jusqu'à mon retour.... As-tu rempli cet engagement? Non ; tu es restée chez Caffarel quinze jours, et tu en es sortie en les injuriant, en les traitant de voleurs, et mille autres invectives. Tu as voulu aller, malgré ma défense expresse, et malgré l'assurance expresse que tu m'avais donnée du contraire, à l'appartement qui est commun entre ton frère et toi. Ton arrivée a été signalée par de nouvelles extravagances : tu voulais ouvriers, frotteurs ; il te fallait beaucoup de monde : tu voulais faire une Sainte-Catherine, donner un repas, faire danser, et cela dans un local dont tu n'étais pas la seule maîtresse, et que tu aurais dû respecter (**).

« Dis-moi si c'est là une preuve de raison? Je n'ajouterai rien de plus, quoique j'eusse encore bien des choses à blâmer, telles que ta prodigalité : d'avoir dépensé en quelques jours une somme de deux cents francs, d'avoir fait des emprunts, des commandes d'objets qu'il m'a fallu rembourser (***). Tout cela n'est-il pas répréhensible, et n'indique-t-il pas suffisamment ton état maladif ?

« Monsieur et madame Faivre t'ont constamment témoigné de l'intérêt ; ils ont eu pour toi le plus sincère attachement ; et tout-à-coup tu les prends en aversion, tu les traites comme des personnes attachées à ta perte.... Pourquoi cette transition subite? Monsieur Faivre a fait pour toi tout ce qu'il a pu pour adoucir ta position ; tu as été forcée d'en convenir dans le temps, et cependant aujourd'hui tu les considères comme tes ennemis, comme ayant des vengeances à exercer

(*) Et je ne le voyais pas.

(**) Tout ce qu'il dit là est faux ; qu'il en donne la preuve !

(***) Tout cela est encore faux ; j'en ai vainement demandé les preuves.

contre toi..... Que dois-je penser d'une semblable divagation? L'intérêt qu'a mis monsieur Faivre à te soutenir, à me blâmer dans ma conduite, quoiqu'il eût bien dû la juger, m'a mis dans le cas d'avoir moi-même à me plaindre de lui. Monsieur Faivre n'a jamais voulu me seconder en rien dans les mesures que j'ai prises contre toi; il a refusé constamment d'y participer. Il m'a dit qu'« il recevait les personnes qu'on lui confie, mais qu'il ne ferait jamais les moindres démarches pour les faire entrer chez lui par la force. » Il a bien tenu ce qu'il avait dit; car il ne m'a été utile dans aucune circonstance, et je me suis vu forcé de n'agir que par moi-même.

« Après ta première entrée dans sa maison, j'avais bien résolu de t'y laisser pendant une année; tu y avais même consenti toi-même, afin de m'assurer de ta guérison..... Eh bien! qu'a fait monsieur Faivre? Il m'a forcé, en quelque sorte, à te sortir quelques mois après, en me disant qu'il y aurait de ma part de l'inhumanité à t'y laisser plus long-temps, que tu étais très bien, et que tu resterais chez lui dix ans que tu serais toujours dans le même état de calme et de tranquillité. Je me rendis à son avis, et te ramenai à Grenoble. La suite m'a prouvé que j'avais eu tort de me rendre à son avis. En septembre, il m'engagea à te prendre avec moi; en novembre, il me dit que l'essai que je voulais faire en te mettant chez Caffarel, pour que tu ne fusses pas seule et livrée à toi-même, était très bon, qu'il en espérait d'heureux résultats. Son attente a été trompée, ainsi que la mienne; et nous sommes tous retombés dans le même embarras.

« Et pourtant voilà les personnes contre lesquelles tu ne cesses de déblatérer! Y a-t-il justice, je te le demande? non : tes plaintes sont le résultat d'une imagination qui voit tout en mal, ne voit que des ennemis acharnés à sa perte, croit qu'on en veut à son existence, à sa fortune, et ne sait pas distinguer ses amis véritables... Situation cruelle, affreuse, et que le délire seul peut justifier!

« La maison de monsieur Faivre a toujours été ta maison de prédilection : tu me l'as dit cent fois (*), car tu ne redoutais rien de plus que de penser que je te mettrais dans une autre maison..... Pourquoi en est-il autrement? Monsieur Faivre n'a rien perdu de son affection pour toi; c'est toi qui, par un déréglement d'idées, a perdu ton affection pour lui. A qui la faute? à ta maladie, pauvre amie! Tâche donc de reconnaître la vérité.

« Monsieur Faivre a toujours eu ta confiance; il n'a pas démérité envers toi;

____

(*) C'est faux : c'est la plus affreuse!

j'ai seul le droit de lui adresser des reproches, car ses conseils, pour te sortir de chez lui, m'ont causé tous les chagrins que j'ai éprouvés depuis. J'ai donc dû, dans ton intérêt et pour ta satisfaction particulière, ne pas chercher une autre maison que la sienne, dans la persuasion que nulle part tu ne recevrais mieux que chez lui les soins de la véritable amitié. Si monsieur Faivre s'est vu réduit à user de quelque sévérité envers toi, c'est que vraiment tu n'étais pas supportable, et que tu aurais mis sa maison sens-dessus-dessous. Il fallait bien te contenir ; mais il ne t'a été fait aucun mal ; il n'y a pas eu de mauvais traitement, mais seulement une répression à tes injures et à tes violences. Aujourd'hui que je t'ai confiée aux soins de monsieur Faivre, je dois m'en rapporter à lui : il a de moi recommandation expresse d'employer tous les moyens curatifs, de ne rien négliger pour ramener chez toi le calme et la tranquillité, d'employer la douceur et la persuasion pour te rendre à ton état naturel, et je suis persuadé qu'il se fera un devoir et un plaisir de te donner une nouvelle preuve de tout l'attachement qu'il te porte. Je lui ai donné mes pleins pouvoirs ; tu es sous son autorité, et je dois te dire avec franchise que tu ne sortiras de chez lui qu'autant qu'il m'aura donné l'assurance que je puis le faire sans aucun danger de rechute.

« Tu peux, si c'est ton bon plaisir, t'adresser aux tribunaux, demander notre séparation, faire valoir tous les moyens que tu croiras nécessaires pour obtenir ta liberté et l'indépendance après laquelle tu soupires depuis si long-temps ; je ne m'y oppose point, mais je suis le maître enfin, et tant que tu resteras sous ma domination, je ne souffrirai pas les excès auxquels tu ne cesses de te livrer dès le moment où tu n'es contenue par personne (*).

« Voilà une bien longue lettre, ma pauvre Sophie ; mais j'ai dû entrer dans tous ces détails avec toi, et te rappeler ta conduite et tout ce que tu m'avais dit. Je désire qu'ils produisent l'effet que j'en espère ; mais si tes lettres à l'avenir sont toujours aussi injurieuses, je te préviens que je n'y répondrai pas, et que notre correspondance sera interrompue.

« Adieu, je ne puis plus te parler de mon attachement, puisqu'il soulève ta colère et tes emportements ; mais, quoi que tu puisses penser et dire, je n'en suis pas moins le meilleur et plus sincère ami que tu puisses avoir,

« *Michal.* »

(*) Où sont-ils donc ces excès ?

Voici deux lettres que j'ai retrouvées et que je joins ici. La première m'a été remise dans la voiture par les commissaires de police, et l'autre chez monsieur Faivre :

« Lyon, le 29 novembre 1857.

« SOPHIE,

« Tu m'as forcé à venir à Lyon plus tôt que nous n'en étions convenus, en rompant tous les engagements que tu avais pris avec moi par écrit; je ne puis avoir aucune confiance en toi, puisque tu m'as trompé. Il faut donc absolument que tu retournes chez monsieur Faivre jusqu'à ce que je revienne, aux fêtes de Noël, pour faire ici mon séjour ordinaire pour les affaires de la maison. Je t'engage à céder de bonne grace à cette détermination que j'ai prise : elle est absolument nécessaire, dans ton intérêt comme dans le mien. Songe bien qu'un refus de ta part m'obligerait à employer la force pour t'y contraindre. Ton séjour chez monsieur Faivre ne sera pas de longue durée, si tu cèdes à mes désirs; la résistance pourrait le rendre plus long.

« Adieu! J'attendrai de connaître ce que tu auras fait, et ne te verrai que lorsque j'aurai l'assurance de ta soumission bien volontaire.

« Ton époux,

« Michal. »

Ma soumission ne m'a pas procuré sa présence.

« Lyon, le 1er décembre 1837.

« SOPHIE,

« Je n'ai reçu qu'hier soir la lettre que tu m'as écrite, par laquelle tu m'engages à aller te voir avec monsieur Faivre. Il m'est absolument impossible de t'accorder cette demande : je pars ce soir à quatre heures, pour me trouver à Grenoble lundi, jour de la foire de Sainte-Barbe. Je ne m'attendais pas à venir ici avant le 10 décembre; mais ton manque de parole, et ta sortie de chez Caffarel sans mon approbation, pour venir t'établir dans la maison, me sont une preuve que ton exaspération est revenue. Le parti que j'ai pris est le seul qui puisse te calmer et t'empêcher de faire, à la vue de tout le monde, des choses qui feraient connaître ton état.

« Je reviendrai ici après les fêtes de Noel pour nos affaires, et j'irai te voir.

« Adieu ! Nous sommes, toi, malheureuse femme, et moi, malheureux époux ; et, comme tu le dis, je n'espère plus de beaux jours ensemble, puisque mon attente vient d'être si cruellement déçue.

« Je t'embrasse de bien bon cœur, et conserverai toujours pour toi le plus sincère attachement. A moins d'un retour à la raison et d'une soumission complète à mes volontés *(ta religion te le prescrit)*, toute cohabitation est devenue impossible.

« Michal. »

On voit par ces lettres que l'intention de monsieur Michal était de me tenir toujours fermée, et qu'il ne me faisait sortir que pour me tyranniser et avoir l'occasion de me faire refermer.

Réponse à sa Lettre du 15 janvier 1838.

Monsieur,

Depuis votre lettre du 15 décembre, où vous me parliez de votre désir d'être libre, et m'engagiez de nouveau à la séparation de corps et de biens, je vous ai répondu de suite que j'y consentais ; je vous ai écrit trois fois à ce sujet. Vous avez dû recevoir ma dernière le 4 janvier courant, qui avait été *soi-disant* égarée ! Je l'ai envoyée à votre fils avec celle de madame Olympe et la sienne ! leur disant que des enfants doivent des égards à leur mère, au moins par reconnaissance de toute peine, sollicitude, privation, veille, puisque je ne les ai jamais quittés un instant, jusqu'au moment où vos trois filles ont reçu la bénédiction nuptiale, pendant vingt-un ans : levée, hiver comme été, à cinq heures du matin ; occupée dans leur enfance à les soigner moi-même ; ensuite fait toute leur éducation ; si elles sont heureuses, c'est par leur mère, par les talents utiles et agréables que je me suis donné la peine de leur transmettre ; fatiguée par leur insubordination, que vous autorisiez par une faiblesse ridicule, au lieu de me seconder par une approbation juste et méritée, qui m'aurait aidée à supporter le poids d'une tâche devenue bien pénible...... Par vos contradictions, et votre manque de fermeté, qui n'était pas dictée par la tendresse, mais par une basse jalousie, vous vouliez rivaliser dans le cœur de vos enfants avec moi, parce que j'étais obligée, malgré moi, d'être un peu sévère : on ne fait pas une éducation entière, sans quelquefois être forcé de sévir ; elle ne peut se transmettre en chantant, en badinant.... Et vous affectiez d'être tendre, caressant ; murmuriez hautement devant eux, quand j'étais obligée de corriger ! et cela, pour vous entendre dire : «Le papa est bon ; la maman est méchante !» Eh bien ! c'était tout l'opposé : ils m'ont avoué souvent, depuis qu'ils sont leurs maîtres, que « votre conduite à cette époque leur inspirait du mépris, et la mienne leur approbation, quoique dans le moment ils étaient peinés d'être réprimandés ». ; et même en ce moment, ils me rendent encore, tout en contribuant à mon malheur, justice à cet égard, ayant acquis, par expérience, la peine que donne l'éducation des enfants de ce siècle, par leur peu de soumission et leur esprit d'indépendance qu'ils apportent en naissant.

Au reste, Monsieur, vous avez sûrement lu ce que je leur marque en renvoyant, sans les avoir décachetées, leurs lettres hypocrites, qui deviennent par les circonstances une insulte de plus : souhaiter la bonne année à une mère qu'on fait passer pour folle, et mettre au cachot, dans l'espoir qu'elle le deviendra !!... Peines inutiles, Monsieur, cette malheureuse épouse et mère a tellement été accoutumée aux privations, aux contrariétés, aux vexations, aux chagrins de tout genre, que son moral et son physique ne s'en altèrent pas : la Providence me soutient ; elle n'abandonne jamais ceux qui ont confiance en elle, et la mienne est entière ; je vois toujours dans tout ce qui m'arrive sa volonté suprême. Hélas ! le Créateur est offensé de ce que j'ai plus aimé sa créature que lui ; il m'en a punie par ceux que je lui ai préférés, en les rendant ingrats envers celle qu'ils devaient chérir, et se servant d'eux pour m'accabler d'humiliations et de chagrins, d'abandon, d'insultes, de privations en tout genre, de calomnies, d'impostures !.... Mais en même temps il me dédommage, en me laissant, à soixante-deux ans, toutes mes facultés morales et physiques, m'ayant même rendu la vue, que j'avais perdue, en m'ôtant la fille qui seule remplissait à mon égard la piété filiale...

Oui, Monsieur, j'y vois comme à l'âge de trente ans, lire, écrire, travailler des mains, jusqu'à lire la musique. Vous voyez que voilà un grand dédommagement dans ma solitude : je m'occupe sans cesse, varie mes travaux. Aussi, je réclame mon piano pour la dernière fois, ou je vais en louer un : cela me distraira et fera diversion aux maux qui m'accablent, surtout l'amour-propre offensé dans tout ce que nous avons de plus sensible, la réputation !!! Mais j'ai acquis dernièrement encore la certitude que vos calomnies à cet égard ne sont pas écoutées à Grenoble. C'est un jeune homme d'une famille distinguée de votre ville qui est venu ici, a demandé si je n'étais pas dans cette maison ; à la réponse d'un *oui*, il a demandé à me voir. On lui a dit que cela n'était pas possible, étant fermée au cachot. Il a témoigné son indignation sur un traitement aussi révoltant et injuste, en disant : « Je n'ai l'avantage de connaître madame Michal que de réputation ; mais, soit par ses antécédents, soit par ce que j'entends dire d'avantageux sur son esprit, son caractère, il est impossible qu'elle soit folle ! C'est faux, et certes on murmure beaucoup à Grenoble sur l'indigne conduite de sa famille. » Ce monsieur est venu voir un jeune homme qui est chez madame Faivre.

Ainsi vous voyez, Monsieur, que vos procédés sont blâmés de tout le monde ; autant pour vous que pour moi, faites cesser ce scandale.

Sophie Michal, née Pascal.

A Monsieur Faivre.

Ce lundi, 19 mars 1838.

MONSIEUR,

Je ne sais si vous avez reconnu ma délicatesse ; car, pendant un mois qu'a duré votre maladie, j'ai évité de vous parler, dans la crainte de vous troubler, parce qu'on n'aime pas la présence de ceux qu'on persécute et qu'on trompe : vous en voyez la preuve par la crainte de monsieur Michal à me voir. Mais aujourd'hui, que vous êtes en pleine convalescence, je réclame un entretien d'un quart d'heure. Quoiqu'en mettant les pieds chez vous pour la troisième fois, ma triste destinée me fût connue, j'ai toujours l'espoir que la Providence cessera de m'affliger, et me donnera un dédommagement à tant d'années malheureuses. Elle s'est servie de vous pour attiser la haine d'un époux et d'enfants ingrats ; peut-être sera-ce vous qu'elle prendra pour me faire rendre justice et assurer ma tranquillité à l'avenir. J'en appelle à votre conscience, pour le spirituel comme pour le temporel ; ma détention chez vous est contre les lois de Dieu et des hommes.

Quatre mois passés en 1836, et six l'année dernière, pendant tout ce laps de temps, la régularité de ma conduite aurait dû vous déciller les yeux sur la fausseté et la noirceur de la conduite de ma famille, si vous n'étiez pas d'accord avec elle pour me sacrifier. Tâchez de me défendre, de me protéger ; car il m'est bien pénible d'être forcée de porter un tel jugement sur une personne que j'aimais, estimais, et en qui j'avais une confiance illimitée.

Répondez, s'il vous plaît, si vous redoutez une explication verbale. Quant à moi, je suis préparée à recevoir de sang froid toutes les persécutions : celles de cet hiver ont fortifié mon courage ; mais je me révolterai toujours contre l'injustice. La vengeance, dit-on, est le plaisir des dieux et des femmes ; je l'exerce quand je peux. Au reste, vous savez et je vous l'ai toujours dit, *avec moi*, *tôt ou tard la peine du talion ;* à moins que vous ne me fassiez finir mes jours dans les fers ; mais la Providence, qui connaît mon innocence et ma confiance en elle, me vengera. Hélas ! à soixante-deux ans, on n'a plus l'espoir que de quelques années de grace ; j'espère qu'elle me protégera pour me les faire passer dans la paix et m'aider à sortir de l'esclavage ; et ce ne peut être qu'en faisant séparation de corps et de biens. Ainsi donc, vous me rendez un très mauvais service de m'empêcher de plaider, et, en cela, vous me faites beaucoup de chagrin ; je ne vous le pardonnerai jamais, puisque j'ai prêté le serment de ne plus habiter avec monsieur Michal ni avec ses enfants.

Voilà le fruit de cette cinquième incarcération injuste, ainsi que des mauvais traitements qu'on m'y a prodigués. Sans la protection visible de la Providence, j'étais perdue. Elle vous a aussi éprouvé. Voilà le moment de faire ses pâques ; vous pensez à faire les vôtres, vous ne m'empêcherez pas de faire les miennes ; et nous ferions deux sacriléges, puisque vous voulez me faire passer pour aliénée : une folle ne peut communier. Vous me dites sans cesse que je ne le suis pas ; votre maison est donc une prison. Je veux les faire, comme je le dois, dans ma paroisse, et je demande d'aller chez moi avec un domestique mâle, qui surveillera ma conduite, sortira toujours avec moi pour ma sûreté. Mais je veux qu'il soit défendu à monsieur Michal d'attenter à ma liberté jusqu'à ce que soient terminées les formalités de séparation, qui mettront mes jours à l'abri de ses persécutions. Voyez ce que votre conscience vous dictera; nous n'avons plus qu'un mois pour être à Pâques; vous obligerez votre prisonnière, cette malheureuse épouse et mère, qui méritait pour sa conduite exemplaire un meilleur sort.

Sophie Michal, née Pascal.

A Monsieur Rôme,

Médecin à Voreppe, près de Grenoble.

Ce mercredi, 4 avril 1838.

Monsieur,

Vous m'avez offert, au mois de mars de l'année dernière, de me prendre auprès de vous quand cela me conviendrait; puis-je espérer que vous seriez toujours dans les mêmes intentions? Vous n'ignorez pas que je suis fermée chez monsieur Faivre, médecin, qui a une maison de santé à La Croix-Rousse, où vous aviez fait mettre le fils Gerlin, qui est en ce moment chez son père à Rives. Il vous dira que j'ai passé six mois de l'année dernière avec lui, et deux de celle-ci, et qu'il m'a vue toujours calme, tranquille et résignée à mon malheureux sort; que c'est une injustice de ma famille de me tenir fermée avec des fous; que ma grande sensibilité ne peut supporter un pareil spectacle. La même année, je prenais un bain de propreté, et un monsieur, qui était dans un cabinet à côté, mourut subitement; j'en ai été malade trois mois et plus. Cet hiver, une femme malheureuse, dans son désespoir, s'est jetée en bas de la terrasse, il y a plus de six semaines, et je ne suis pas remise de la frayeur: tantôt je me trouve mal, tantôt je prends des étourdissements, des maux de tête et des douleurs par tout le corps; je ne puis en dire le motif à monsieur Faivre, parce qu'on lui cache cet événement, et pour beaucoup d'autres raisons que je ne puis vous communiquer que de vive voix. Il est urgent que je sorte de cette maison. Ayez pitié d'une épouse et mère affligée, et qui ne mérite pas une si affreuse destinée.

Vous n'avez pu me juger que sur les apparences; si vous m'avez trouvé de l'exaltation, elle était factice; je ne puis vous en donner encore les raisons qu'en secret ; et la preuve visible, c'est que je ne suis pas deux jours éloignée de monsieur Michal et de sa famille, que, malgré tous les chagrins dont je suis accablée, je redeviens calme et résignée sans faire le moindre remède ; car voilà cinq incarcérations, une de quatre mois, l'autre de six, la troisième de quatre, la quatrième de six, et en voilà bientôt cinq, et je n'ai jamais pris aucun médicament. C'est assez vous en dire pour être comprise, la délicatesse retient ma plume.

Veuillez donc, Monsieur, si vous ne pouvez m'obtenir cette faveur volontairement, employer les voies judiciaires. Puisque monsieur Michal veut me tenir éloignée de lui, que je n'ai rien fait pour le mériter, bien au contraire, soit par mes antécédents et ma conduite exemplaire à supporter tous les chagrins dont lui et sa famille m'accablent, je dois être autorisée à choisir au moins mon exil. Hélas ! vous avez perdu un fils, et moi une fille qui seule aimait sa mère. Il vous reste une épouse et d'autres enfants ; et moi, ils m'ont abandonnée !!! Je ne sais plus que devenir. Il me faut un ami, un protecteur ; j'ai jeté les yeux sur vous.

Serez-vous aussi inflexible à ma prière ? J'ai pensé que celui qui a des chagrins trouvera des consolations pour adoucir les miens. Veuillez donc me répondre le plus tôt possible, pour me dire si je puis espérer sur votre appui. Je désirerais que vous veuilliez venir me chercher ; car je ne me fierai à personne. J'attends avec anxiété votre adhésion : les malheureux sont impatients.

Agréez, Monsieur, d'avance les marques de la plus vive gratitude de cette épouse et mère ,

Sophie Michal, née Pascal.

Suite.

Excusez, Monsieur, si je me permets de vous envoyer une lettre si mal peinte ; mais c'est à la hâte et à minuit, parce qu'il m'est défendu de ne correspondre qu'avec ma famille, et j'ai une occasion pour vous faire parvenir ma misère sans qu'on s'en doute ; je n'ai pas même un canif pour tailler ma plume. J'oubliais de vous dire que depuis huit jours on m'a mise dans une chambre humide de plâtre et de mortier ; ils ne veulent pas m'en sortir, quoique j'aie pris des douleurs de poitrine et par tout le corps !... Au nom de Dieu, ayez pitié de moi ; venez me sortir ; sauvez-moi !

À mon Mari.

Ce dimanche, 15 avril 1858.

Monsieur,

Madame Faivre m'a dit que vous vous plaignez de mon silence ; cependant depuis le 15 décembre, vous avez dû recevoir une sixaine de lettres, dans lesquelles je me rendais à vos désirs et à vos demandes pour la séparation de corps et de biens, et vous n'avez pas daigné y répondre. Votre haine contre moi n'est-elle pas satisfaite? Voilà pourtant bientôt cinq mois passés dans toutes les rigueurs des nouvelles maisons de détention. Aussi ai-je été continuellement malade; j'ai même failli périr ces jours-ci... O Monsieur Michal! le remords ne viendra-t-il pas ouvrir votre cœur à l'humanité envers cette malheureuse épouse, qui n'a d'autres reproches à se faire que de vous avoir trop aimé, ainsi que vos enfants ingrats? lui laisserez-vous fermer les yeux sans qu'elle vous ait pardonné tant de cruauté!

Votre lettre annonçait à monsieur Faivre votre arrivée à Lyon après Pâques; ferez-vous comme à Noël? resterez-vous pour vos plaisirs, sans voir votre infortunée épouse? Il est vrai qu'on redoute toujours la présence de ceux qu'on victime! La preuve, c'est que les vrais malades sont amenés par leurs parents, qui leur rendent sans cesse des visites; et moi, fermée injustement, on n'ose pas venir me voir, de crainte des reproches des personnes que l'injustice de ma triste position intéresse à mon sort! Mais réfléchissez que plus vous prolongez mes maux, plus vous vous rendez coupable à leurs yeux. Quant à moi, Monsieur, je vous l'ai écrit plusieurs fois, vous n'aurez point de récrimination de moi; je désire seulement converser avec vous, pour adoucir mon esclavage, puisque vous vous êtes rendu despotiquement maître de mon existence, par la facilité de la triste spéculation ou nouvelle branche commerciale, où, avec de l'argent, on trouve des maisons pour renfermer les personnes qu'on ne veut plus voir, et qui, par les rigueurs, les privations, l'isolement, l'abandon, finissent par perdre la tête ou la vie! Ah! Monsieur, que la Providence permette que vous reconnaissiez encore à temps votre injustice à mon égard, et vous inspire de me laisser passer en paix le peu de temps que j'ai encore à vivre!

Puisque dans votre humeur farouche vous m'avez prise à tic, pourquoi ne pas faire comme tant d'autres qui, ne sympathisant plus ensemble, se séparent sans bruit? Mais non, vous voulez, non seulement me rendre malheureuse, mais encore me déclabauder, déchirer, en un mot, le cœur, le corps, la réputation de celle qui a servi d'exemple dans Grenoble, par sa bonne conduite d'épouse, de mère..... La femme la plus déhontée ne serait aussi affreusement traitée.

Vous me dites dans vos lettres que ma fortune est assurée, et non la vôtre. Raison de plus de ménager mon existence, parce qu'en cas de malheur je partagerais mon pain avec vous et vos enfants; tandis que si vous terminiez ma carrière à force de chagrins et de mauvais traitements, mon bien, devenant le vôtre, sera tout perdu à la fois, et vous sentirez alors que votre ambition vous aura mal conseillé. Réfléchissez, Monsieur, sur les maux qu'elle nous cause à tous; car vous avez beau vous étourdir par les distractions, vous ne pouvez empêcher le public de jaser sur ma disparution : quoique vous fassiez croire qu'elle est volontaire de ma part, votre hypocrisie, votre fourberie ne prennent pas auprès de tout le monde; on a l'air de vous donner raison en face, et l'on vous ridiculise par derrière. Qui, mieux que vous, est payé pour juger le monde par sa valeur? Allons, Monsieur, aussi bien que moi vous avez le pied sur la fosse; voulez-vous ainsi terminer et ternir trente-cinq ans de sacrifices, de peines, de sollicitudes? non, puisque vous ne voulez pas finir vos jours avec moi, et que vous craignez que je ne dispose de ma fortune, ou que je fasse des emprunts; car voilà les motifs de toute votre mauvaise conduite à mon égard. Pour tranquilliser votre cupidité, venez donc au plus tôt; car j'ai besoin de repos, de soins, de tranquillité, pour tâcher de rétablir une santé délabrée par la fièvre, par des maux de poitrine, d'estomac. Mon estomac va finir par ne plus digérer : je ne peux presque plus manger; mes yeux redeviennent malades, et ajoutez à toutes les causes qui ont détruit ma santé, comme je vous l'ai toujours dit, un air trop vif pour ma constitution.

Je ne peux vous en dire davantage, étant très souffrante en ce moment. Je vous parle encore comme si vous méritiez ma confiance, et j'oubliais que vous avez l'indiscrétion de lire mes lettres à monsieur Faivre; ce qui contribue à resserrer mes fers. Je vous en remercie..... Si vous hâtez votre arrivée, et que vous veniez vous entendre avec moi, cette malheureuse épouse et mère vous en aura de l'obligation.

Sophie Michal, née Pascal.

P. S. Vous prétendez que je ne puis plus paraître dans le monde..... Eh !
beaucoup de maris se trouveraient très heureux d'avoir une femme telle que
moi ! Vous voyez, Monsieur, combien la prévention est aveugle !

Lettre de monsieur Michal.

« Lyon, le 12 juin 1838.

« Je suis arrivé de Paris samedi au soir ; des affaires assez majeures avaient
nécessité ce voyage, et je les ai réglées à ma satisfaction. Je suis forcé de ne
pas m'arrêter à Lyon, il faut que je retourne à Grenoble ; mais je reviendrai
à la fin du mois pour les loyers et pour le réglement des mémoires d'ouvriers
avec monsieur Camel.

« Je n'irai pas te voir ; je ne le puis ; la position dans laquelle nous sommes
l'un et l'autre, ne me le permet pas ; et puisque tu veux résister à mes volontés
et te défendre contre la mesure que je veux prendre dans ton intérêt et dans
celui de ta famille pour l'avenir, nous plaiderons, et nous ne devons pas nous voir.
Il est très vraisemblable que les personnes que tu as consultées, t'ont donné le
conseil de résister par tous les moyens possibles, à ma juste demande ; ces
personnes ne te connaissent pas bien ; elles t'ont jugée dans l'état actuel, et non
dans celui où tu es tous les trois ou quatre mois, par suite de la maladie dont tu
es atteinte depuis quatre ans, et qui n'a cessé de se renouveler deux ou trois
fois par an. Tous ces avis me sont indifférents, et je n'en continuerai pas
moins d'agir jusqu'au bout : je le dois, non seulement dans l'intérêt de tes
enfants, mais pour le tien ; mon titre d'époux et de père de famille m'en fait
un devoir sacré, et je le remplirai.

« Si j'étais allé te voir, tu m'aurais dit des choses que je sais d'avance, tu
m'aurais fait des demandes que je ne puis accorder ; ma visite était inutile, et je
la renverrai à une époque beaucoup plus convenable. J'avais écrit de Paris à
monsieur Faivre, que j'irais te voir ; mais je ne lui avais pas dit quand cela serait ;
et pendant mon absence, il s'est passé des choses qui m'obligent à différer cette
entrevue. J'ai appris que monsieur Faivre est malade. Cela m'afflige ; mais j'espère

que les secours de l'art et les soins qu'il trouvera chez lui, parviendront à lui rendre une santé si précieuse à sa famille et à ses amis. Je lui écris pour lui témoigner toute la part que je prends à sa position, et mes regrets de ne pouvoir lui rendre une visite que je me réserve de lui faire plus tard.

« Après trente-six ans de mariage, il est bien cruel de voir deux époux plus que sexagénaires, *père* d'une famille nombreuse dont le plus jeune enfant a trente ans, se trouver dans la nécessité de plaider l'un contre l'autre, et cela parce que l'épouse ne veut que sa volonté, qu'elle veut à tout prix son indépendance, ce qu'elle ne peut avoir en puissance de mari ; elle veut s'exposer à une ruine complète, qui aurait lieu infailliblement si elle devenait maîtresse de ses actions, plutôt que de rester calme et tranquille lorsqu'elle est bien, et d'attendre du temps la fin d'une maladie funeste, que l'âge et le repos peuvent guérir, ou tout au moins atténuer. Voilà pourtant le résultat de sa résistance aux désirs de son époux. Eh bien! la suite prouvera lequel des deux avait le plus de raison.

« Je ne vois qu'un seul moyen de mettre fin à cette guerre intestine, et le voici :

« Que ma femme reste dans la maison où je l'ai placée, et dans laquelle elle n'est assurément pas mal, tout le temps nécessaire à sa guérison, et dès ce moment je consens à suspendre toute poursuite contre elle jusqu'à nouvel ordre, et je promets ne les reprendre que du moment où elle m'en aura donné le sujet. D'ici là elle restera maîtresse de ce qui lui appartient, et ne sera plus regardée que comme une personne malade qui attend sa parfaite guérison; nous nous secoue_ rons des gens d'affaires, qui ne demandent que les discussions, et surtout celles de famille, qui ont toujours été le plus difficiles à terminer. Si ma femme adopte ce projet, il sera fidèlement exécuté; je viendrai souvent à Lyon, j'irai la voir, et nous attendrons ainsi le laps de temps voulu pour une entière guérison.

« Je compte partir demain; je serai ici à la fin du mois. Ma femme m'écrira ses intentions, et quoique je ne puisse guère compter sur ses promesses, je tiendrai la mienne, et tout restera en suspens; différemment nous reprendrons la guerre jusqu'à la conclusion définitive. Sa détermination fixera la mienne. Ma femme se dit malheureuse : elle a bien raison; mais son époux et sa famille le sont-ils moins? N'est-ce pas une plaie profonde pour tout ce qui entoure une personne de cette famille, qu'un état pareil?

« Quel que soit le parti auquel nous nous arrêtions l'un et l'autre, je n'en conserverai pas moins un attachement sincère pour celle qui a été pendant plus de trente ans la compagne de ma vie.

« Michal. »

A mon Epoux.

Ce 15 juin 1858.

C'est une inculpation injuste que de dire que je veux mon indépendance; mais je ne veux pas non plus de l'esclavage; je veux aussi sauver mon honneur et celui de ma famille, que tu compromets par une interdiction qui n'est pas méritée. Il n'est pas croyable que tu partes aujourd'hui; nos arrangements s'y opposent. Viens donc me voir : c'est absolument nécessaire pour nous entendre sur les réflexions que tu m'adresses sur le malheur de plaider à notre âge. N'est-ce pas moi qui dois murmurer, puisque c'est toi qui m'attaques? Je suis obligée de me défendre; tu veux me laisser un temps illimité dans les maisons de santé..... Oh! Michal, y consentir serait signer mon arrêt de mort! je ne m'en sens pas le courage : le chagrin que j'en éprouve depuis quatre ans que tu m'y tiens renfermée, a tellement miné ma santé, que ce serait être homicide de moi-même que d'y consentir! Elle en est si affaiblie, que je ne puis plus supporter la vue des malheureux qu'elles renferment. Puisque tu ne veux plus vivre avec la pauvre Sophie, ni la laisser seule dans son petit ménage avec une bonne domestique, consens au moins à la mettre dans une maison particulière de son choix. J'ai plusieurs propositions à te faire à cet égard : j'ai besoin, pour soutenir mon existence, de tranquillité, de distraction,.... Allons, Michal, signons un traité de paix,.... Plus de procès! Mais rends à la malheureuse épouse ta confiance, ton estime, ton attachement, que tu lui as retirés injustement; elle t'en aura de la reconnaissance, et tout sera oublié.

C'est dans cette attente et le plaisir de te voir, que je me dis avec le plus vif attachement ta malheureuse épouse et la malheureuse mère de tes enfants.

Sophie Michal, née Pascal.

A mon Mari.

Lyon, le 22 juin 1838.

MICHAL,

Malgré mes chagrins occasionnés par la violence et la dureté de tes procédés, je ne cesse de penser à toi et à toute ma famille ; tous les jours j'adresse à Dieu de ferventes prières pour qu'il inspire à mes enfants la piété filiale, et à toi de me rendre ton attachement, que tu m'as ôté sans l'avoir mérité. Je t'envoie aujourd'hui cette lettre pour qu'elle te parvienne la veille de ta fête, afin de te faire agréer mes félicitations, puisque tu me prives du plaisir de te la souhaiter de vive voix ; mais j'espère que tu me dédommageras à ton prochain voyage.

Adieu, cher ami ! plains ta malheureuse épouse,

Sophie Michal, née Pascal.

Lettre de Monsieur Michal.

« Lyon, le 5 juillet 1838.

« J'ai reçu ta lettre du 29 juin dernier, Sophie, le lendemain de mon retour à Lyon. Je n'y ai pas répondu, parce que je n'en avais pas le temps, et, d'un autre côté, parce que cette lettre ne répondait en aucune manière à celle que je t'avais écrite pour te dire positivement que je ne consentirai à suspendre ma demande en interdiction, qu'autant que tu resteras chez monsieur Faivre le temps nécessaire à ta parfaite guérison, bien décidé à ne plus m'exposer aux tribulations et aux chagrins que me causaient tes rechutes réitérées. Tu as gardé le silence à cet égard, et tu demandes que j'aille te voir, ne voulant pas répondre à ma lettre, les détails étant trop pénibles pour ta sensibilité. Les mêmes motifs qui te font garder le silence, sont causes que je ne puis me rendre à tes instances. Qu'avancerions-nous, d'ailleurs ? à quoi mènerait cette visite ? nous ne pourrions jamais nous entendre, et nous serions forcés, après un entretien des plus pénibles, à nous séparer sans avoir rien décidé. Tu vois qu'il est mille fois préférable que nous restions tels que nous sommes.

« Tu as pris un homme d'affaires pour ton défenseur, je ne le connais pas, je ne l'ai jamais vu ; mais on m'a dit que c'est un honnête homme, très consciencieux. Prends-le pour arbitre entre toi et moi. Je me suis abstenu de lui rendre visite, par délicatesse, et dans la crainte de faire naître chez toi des soupçons qui, certes, seraient mal fondés, mais qui n'existeraient pas moins dans la tête d'une femme qui ne voit partout que des persécuteurs, des gens attachés à lui nuire, et qui ne veut pas se rendre justice sur sa position.

« Tu demandes à cor et à cri de rentrer dans le monde en acquérant ta liberté ; c'est dire que tu veux l'impossible pour le moment, et je ne puis y consentir. Attends une guérison parfaite, où souffre une interdiction qui t'ôte le pouvoir et les moyens de te nuire à toi-même et à toute la famille, à des époques où réellement tu peux commettre de graves erreurs, que ta maladie seule occasionnerait, et dont tu aurais un repentir amer, lorsque ta raison te permettrait de les reconnaître ; mais il ne serait plus temps, des mesures certaines auraient été prises, et le mal serait irréparable.

« J'ai appris avec peine que tu avais dit que tes enfants désiraient ta fortune, et que c'était la cause des vexations que tu éprouvais. — Ton erreur est bien grande et bien condamnable, il faut en convenir ; et il n'appartenait qu'à toi d'avoir une semblable pensée. Tes enfants souffrent et gémissent de ta position ; ils ne demandent rien, si ce n'est ta guérison ; ils ne sont pas dans une position à désirer un peu de fortune par des moyens odieux : tous sont établis de manière à n'éprouver ni gêne ni besoin ; ta fortune tout entière, divisée en quatre portions, ne leur ferait pas rouler carrosse et tenir table ouverte. Pourquoi veux-tu donc les abaisser jusqu'à la cupidité ? et moi, quel rôle jouerais-je, si je m'étais établi le protecteur de coupables manœuvres ?... Tu as beau faire, beau dire, Sophie, tu ne terniras pas une réputation acquise par cinquante ans de travaux et une conduite irréprochable, qui, j'ose le dire, méritait un meilleur sort.

« J'ai vu madame Faivre, qui m'a dit de te retirer de chez elle, qu'elle ne voulait plus te garder. — Je n'ai pas fait grand cas de ce qu'elle m'a dit : c'est sans doute un propos de femme. Je désire connaître l'intention de monsieur Faivre; et si cela était, ce qu'une lettre de lui m'apprendrait, je chercherais de suite une autre maison pour t'y établir. J'avais préféré la sienne comme celle où j'étais persuadé que tu serais le mieux; mais s'il ne veut te garder, j'en trouverai bien une autre; et pour n'être pas pris au dépourvu, je ne tarderai pas à m'en occuper.

« Cessons une correspondance pénible pour tous deux. Tu as un homme d'affaires avec qui je communiquerai, si tu y consens, et il appréciera tes motifs et les miens; nous disons toujours la même chose, il faut bien enfin prendre un parti définitif.

« Je n'oublierai jamais que j'ai vécu avec toi pendant trente ans, et je conserverai pour toi l'attachement d'un bon et loyal époux. Je repartirai pour Grenoble le 10 de ce mois.

« Michal. »

Lettre de ma Fille (*).

« Grenoble, le 9 juillet 1838.

« Ma chère Maman.

« Je viens de recevoir ta lettre, qui m'a fait éprouver une bien vive peine, me trouvant dans l'impossibilité de me rendre auprès de toi, vu que depuis huit jours je suis retenue dans mon lit par une maladie éruptive qui me fait beaucoup souffrir et qui m'avait privée de la vue. J'ai donc pris tout mon courage, afin de venir te faire part de ce contre-temps, et t'assurer, en attendant, de toute la part que j'ai prise à tes afflictions, qui sont ressenties par toute la famille. Je me croirais bien heureuse si je pouvais, par tous les moyens possibles, contribuer à te rendre un peu de bonheur; mais toutes les fois que j'ai voulu traiter ce sujet

---

(*) En réponse à la mienne, où je lui marquais qu'une interdiction était un déshonneur pour eux, tout comme pour moi, etc.

avec le papa, il m'a répondu fort positivement que cela ne regardait que lui seul ; qu'il avait été assez malheureux d'avoir une fois cédé à mes instances pour te faire sortir de chez monsieur Faivre, et qu'à l'avenir il ne le ferait plus.

« Tu sens, chère Maman, que ma position est on ne peut plus pénible : je me trouve placée entre un père et une mère que je chéris également, et mon affliction est grande de les voir désunis, après avoir joui de leur bonheur pendant un si grand nombre d'années. Le Ciel m'est témoin que jamais dans ma vie je n'ai eu à me reprocher un acte qui ait pu, non pas seulement commencer, mais augmenter cet état de dissension, qui m'a fait passer des moments bien cruels ; et pour les éviter, j'aurais fait tous les sacrifices possibles. J'ai encore le malheur de voir mettre en doute mon attachement pour toi, ce dont je ne me consolerai jamais.

« Malgré que jusqu'à présent toutes mes sollicitations auprès du papa aient été infructueuses, je vais, dans cette circonstance, renouveler tous mes efforts, afin qu'il consente à abandonner un projet qui te cause tant de chagrin, et par cela nous afflige sincèrement. J'ai tout lieu de craindre que mes efforts ne soient infructueux ; mais du moins j'aurai tenté tous les moyens en mon pouvoir d'adoucir tes peines, et je serais trop heureuse si je pouvais réussir.

« Reçois, en attendant, ma chère Maman, l'assurance du sincère attachement de ta fille,

« 𝕺𝖑𝖞𝖒𝖕𝖊 𝕸𝖆𝖗𝖌𝖔𝖙, 𝖓𝖊́𝖊 𝕸𝖎𝖈𝖍𝖆𝖑. »

𝕷𝖊𝖙𝖙𝖗𝖊 𝖉𝖊 𝖒𝖔𝖓 𝕱𝖎𝖑𝖘 (*).

« Grenoble, le 9 juillet 1838.

« MA CHÈRE MAMAN,

« J'ai reçu ta lettre du 8 du courant. Je te réponds à la hâte et sous l'impression de la plus vive douleur causée par les détails affligeants que tu me donnes sur

_____

(*) À qui j'avais écrit aussi au sujet de l'interdiction.

ta position vis-à-vis de mon père. J'éprouve des émotions bien pénibles en pensant que ce bonheur dont vous avez joui si long-temps, a fui peut-être pour toujours. Il ne m'appartient pas de prononcer entre vous deux dans ces fatales discussions; depuis long-temps je fais des vœux pour qu'elles obtiennent une solution prompte et agréable pour tous les deux. Mes vœux n'ont point été exaucés; je suis maintenant sans force contre de semblables adversités; je n'ai point d'influence sur l'esprit de mon père, et je sais que, puisqu'il a commencé cette procédure, il doit avoir la ferme intention de la continuer; car ce n'aura été qu'après de bien mûres réflexions qu'il se sera décidé à l'entreprendre. Mes sollicitations seraient donc inutiles, et je ne ferais qu'encourir sa colère sans obtenir un résultat avantageux pour toi.

« Reçois donc mes excuses pour ne pas te donner en cette circonstance la satisfaction que tu désires, et crois bien que, quelle que soit la conclusion de ces débats, ils auront un retentissement bien pénible dans mon cœur...... L'absence de mon père est le motif qui me force à retarder d'aller t'offrir les consolations dictées par ma tendresse pour toi.

« Adieu, ma chère Maman, demande-moi d'autres témoignages d'affection, et je m'empresserai de te prouver toute l'étendue de ma piété filiale.

« Ton fils, qui te chérit,

« Léon Michal. »

A mes Juges.

Daignez, Messieurs, vous donner la peine de lire les lettres de monsieur Michal et de ses enfants, et les détails sur mes malheurs; vous verrez combien leurs protestations d'attachement sont opposées à leur conduite, et j'espère avoir réussi à vous attendrir sur mes malheurs. Je compte sur votre justice, et vous en témoigne d'avance toute ma gratitude.

Dans cette flatteuse espérance,

Messieurs,

J'ai l'honneur d'être, avec respect et estime,

Sophie Michal, née Pascal.

Imprim., d'H. BRUNET et C., gr. rue Ste-Catherine, n. 11.

UNE PRÉTENDUE FOLLE,

ou LES HORREURS COMMISES PAR L'AMBITION, L'ENVIE ET LA PRÉVENTION;

MÉMOIRE

DE

MADAME SOPHIE MICHAL, NÉE PASCAL,

CONTRE

MONSIEUR MICHAL SON MARI,

Écrit par elle-même.

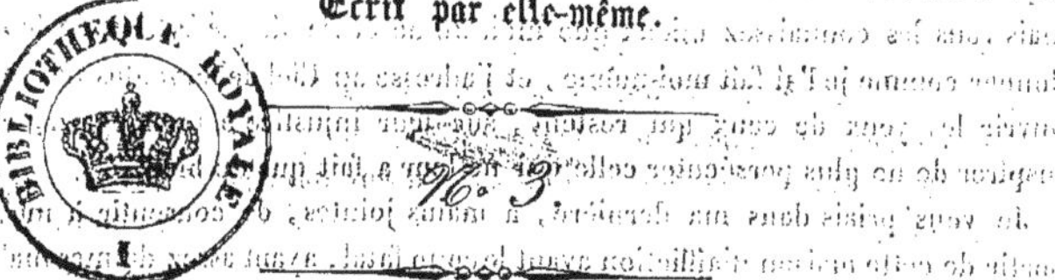

Suite de la Correspondance avec ma Famille.

À Monsieur Michal.

Ce mardi, 18 juillet 1838.

Vous voyez, Michal, que j'avais raison en vous écrivant dernièrement que monsieur Faivre était très mal : il est mort hier au soir à six heures. Il a succombé à une maladie horriblement douloureuse.

Que de réflexions terribles cette circonstance devrait faire naître dans votre esprit, mais vous avez étouffé tout sentiment humain.... Un homme qui laisse quatre garçons en bas âge, de trois à douze ans, un père et une mère qui avaient besoin de lui, une épouse chargée seule de tout ce poids d'obligations, et une aisance médiocre. Sans la fatalité, tout lui réussissait, et lui promettait une très belle

12

fortune. Aussi était-il chéri de sa famille ; il appartenait à la société de Médecine ; à toutes les congrégations religieuses ; une vingtaine de médecins venaient le visiter tour à tour ; il y a trois mois , il y eut une consulte de huit des plus renommés ; des remèdes à profusion , les soins les plus minutieux, les prières les plus multipliées par toutes les ames pieuses dont il était connu : rien n'a pu fléchir le destin. Aussi disait-il, dans le moment de ses plus grandes douleurs : « Je consentirais à souffrir ainsi dix ans au pain et à l'eau , si l'Être-Suprême voulait me conserver la vie. »

Et moi, abandonnée de tous les miens , qui rêvent nuit et jour à ce qu'ils pourront faire pour abréger mon existence..... leurs efforts sont encore vains ! leurs vœux ne sont pas accomplis ! Au contraire , une douzaine de personnes coalisées avec vous pour me faire des chagrins, ne sont plus, contre leur attente, elles ont payé le tribut à la nature avant moi. Je vous les nommerai toutes, si vous le voulez ; mais vous les connaissez mieux que moi. Je ne cesse de prier Dieu de leur pardonner comme je l'ai fait moi-même, et j'adresse au Ciel de ferventes prières pour ouvrir les yeux de ceux qui restent, sur leur injustice à mon égard, et leur inspirer de ne plus persécuter celle qui ne leur a fait que du bien.

Je vous priais dans ma dernière, à mains jointes, de consentir à me laisser sortir de cette maison d'affliction avant le coup fatal , ayant assez de mes malheurs, sans être témoin de ceux des autres. Puisque vous ne vouliez plus habiter avec moi, ni me laisser seule dans mon ménage avec un bon domestique, que ne me laissiez-vous entrer dans une maison particulière ou pension de mon choix ? Mon chargé d'affaires vous en a dit autant. Vous avez persisté dans votre endurcissement ; vous avez voulu me faire avaler le calice jusqu'à la lie, et me forcer à faire retentir les tribunaux de mes plaintes contre vous et les vôtres, pour que justice me soit rendue, ne pouvant être homicide de moi-même, le séjour de ces maisons de santé étant une mort anticipée pour votre malheureuse épouse et mère..... eh ! c'est ce que vous vouliez.

Je vous prie aussi de dire à vos enfants que je ne suis pas leur dupe ; qu'ils feignent, dans leur réponse à la lettre où je leur disais que, s'ils sentaient les torts que l'interdiction ferait à eux et à leurs enfants, ils viendraient s'aboucher les uns ou les autres avec moi. Ils feignent, dis-je, de ne l'avoir pas comprise, quoique très intelligible.

Qu'on prenne des gens de bonne foi, pour juger, ce ne sont pas ceux qui ont commencé mes chagrins et qui les attisent toujours, que je prendrai pour intermédiaires, afin d'arrêter mes malheurs, ni surtout des enfants qui devraient, par devoir, puisque j'ai été leur mère et institutrice, me respecter, m'aimer, et être reconnaissants pour les bons exemples que je leur ai donnés, la peine que j'ai prise pour l'éducation que je leur ai transmise à la sueur de mon front, mes veilles, mes privations en tout genre : que de fois ont-ils vu mon déjeuner encore à mes côtés à midi, n'avoir pas la force de dîner, pas même celle de me déshabiller pour me coucher, étant harrassée de fatigue, ayant passé plus de mille nuits pour vaquer à différents travaux que je n'avais pu faire le jour, puisque je le leur consacrais, hiver comme été, depuis cinq heures du matin jusqu'à dix heures du soir..... Oseront-ils le désavouer ? Qui est-ce qui les a faits ce qu'ils sont ? leur mère ? Si mes filles sont heureuses, à qui le doivent-elles ? à leur mère ! Si elles ont une belle réputation dans le monde, qui en est l'auteur ? leur mère ! Si elles sont aimées de leur mari, qui leur a acquis ce bonheur ? c'est encore leur mère !..... Et c'est cette malheureuse mère qu'ils veulent dépouiller de son vivant ?..... Et pour y parvenir, on l'a humiliée, tyrannisée, on a employé mille stratagèmes, et fini par la fermer, *soi-disant*, comme aliénée, par surprise, violence, se servant des mêmes moyens que pour les criminels, à la face de tout un public, pour faire scandale, disant : « C'est qu'elle est folle-furieuse par moment, et calme en d'autres » ; me sortant au bout de six mois ; et après m'avoir fait subir toute sorte d'humiliations, brutalités, privations, abandon, me faisant, au bout d'un mois, enlever de nouveau, sous des prétextes, des calomnies atroces, afin de pouvoir dire ensuite : « On a été obligé de la fermer plusieurs fois ; il n'y a plus de ressources, il faut l'interdire. »

O infamie ! les fous ne guérissent pas sans remède. Quel est le médecin qui osera dire qu'il m'en a ordonné, ou qu'on m'en ait fait prendre ?

On dit aussi que « c'est pour mes dépenses et prodigalités. » Où sont celles que j'ai faites de répréhensibles ? je vous appelle tous au défi. — Ensuite « pour incapacité de conduite. » Prouvez mon inertie ! Plût à Dieu que vous sachiez gouverner dans les choses de ma sphère de femme aussi bien que moi ! cela irait mieux dans vos ménages !

Mais non : on aime mieux laisser tout en désordre, se voir piller par les domestiques et ouvriers, pour qu'on s'entende dire : « Ils sont bons enfants. » Et moi, si je demande pour payer une paire de souliers, on me jette par la tête un écu de cinq francs, en me couvrant d'injures sur mes dépenses. C'est le cas de dire que vous êtes large au son et étroit à la farine.

Je sais bien que vos enfants connaissaient vos démarches contre moi, parce que c'est toujours à leurs sollicitations que vous me faites des injustices ; mais ma délicatesse me forçait à leur en parler moi-même, vu que le déshonneur planera sur leur tête et sur celle de leurs enfants autant que sur la mienne, et qu'ils ne pourront dire : « Ma mère ne nous a pas prévenus. » Voilà le but qui a conduit ma plume, et non pour leur demander protection. L'inégalité de votre caractère a encore beaucoup contribué à mes malheurs : dans vos moments de gaîté, vous aviez un abandon ridicule, tel que de compter vos étourderies de jeunesse en présence de vos enfants, de vos gendres et subalternes, qui ensuite se riaient de vous en votre absence, et disaient devant moi : « Nous pouvons nous divertir, le père Michal en a bien plus fait que nous. » Cela me forçait à leur observer que « si vous aviez la faiblesse de vous oublier à ce point, ils devaient se rappeler que vous étiez leur père et leur maître, et respecter même jusqu'à vos défauts. » Ce langage dans ma bouche les indisposait, et ces conversations finissaient toujours par des querelles. Tandis que, lorsque vous étiez de mauvaise humeur avec les mêmes personnages, pour des choses peu répréhensibles, vous vous livriez devant le public à des emportements, des accès de colère, qui vous dégradaient à ses yeux. On vous redoute pour les scènes scandaleuses qui vous font mépriser. Vous avez encore le défaut de plaisanter sans cesse sur le compte des femmes ; vous le faisiez aussi devant votre fils et devant vos gendres ; et s'ils se permettaient cette licence en ma présence à mon sujet, vous en riiez. Ce n'est pas là la dignité d'un père.

Toute la famille croyait que j'avais beaucoup d'empire sur votre esprit, de sorte que dès qu'elle avait des contrariétés, sa colère planait sur moi, témoin monsieur Victor Margot. Sa haine vient de ce que vous n'avez pas voulu changer de magasin, et ne lui avez pas donné votre signature. Au reste, un des membres de sa famille nous avait prévenus que vous alliez mettre un loup dans notre bergerie. Sa prédiction ne s'est malheureusement que trop réalisée : c'est lui qui nous a tous désunis ; et par votre faute, vous n'avez pas su tenir votre sceptre ferme. Un père peut être tendre, lorsque ses enfants remplissent leurs devoirs ; mais lorsqu'ils s'en éloignent, il doit les remettre à leur place. La prévention de votre fils contre moi vient de ce que vous avez réduit sa dépense ; et vous savez le contraire, puisque vous m'avez injuriée très souvent lorsque je prenais sa défense.

Remontons à la source de cette guerre de famille : c'est toujours vous. Est-ce qu'un père n'a pas toujours le droit de réprimer ses enfants lorsqu'ils manquent

à leur mère? Quand votre fils m'a fait fermer deux fois, c'était bien par votre
ordre. Vous les faites obéir pour de mauvaises actions, et non pour de bonnes.
Si je me plains à vos enfants de leur conduite scandaleuse à mon égard,
ils répondent : « C'est notre père qui nous y force. » Or, des enfants ne doivent
pas se mêler des débats entre père et mère ; ils doivent rester neutres. Si je vous
parle de leurs mauvais procédés, vous me répondez : « Ils sont tous majeurs, je
n'ai plus de droit sur eux. »

Vous voyez donc, Monsieur, qu'il n'y a rien à gagner d'être si pusillanime et
si dénaturé, et que j'ai raison de me dire épouse et mère malheureuse.

Sophie Michal, née Pascal,

Ma Correspondance avec monsieur Givors.

Lundi, 9 juillet 1838.

MONSIEUR,

Je n'ai pu rien faire hier : j'éprouvais de grandes douleurs dans les yeux,
et ils étaient troubles. J'ai tant versé de larmes, surtout depuis quelques
années, ils ont été si malades, que j'ai craint de les perdre. Les médecins
m'ont dit que si je persistais à lire ou à écrire, lorsqu'ils sont souffrants, je
deviendrais aveugle !... Pensez combien je dois les ménager !... Comme je
vous l'ai dit, il faudrait que j'eusse une personne pour écrire sous ma dictée ;
et cela ne se peut pas dans cette maison. Vous voyez combien il est urgent
que j'en sorte de suite !... Si les juges sont sans partialité, ce que je vous ai
remis hier suffit bien pour obtenir ma demande d'entrer, pour une année,
dans une maison particulière ou pension, et d'où je ne sortirais jamais seule.
L'entêtement de monsieur Michal, à s'y refuser devrait bien leur prouver
qu'il est coupable : il a peur que je m'échappe pour aller à Grenoble. Il sait
bien que j'y suis trop malheureuse; ce ne sera qu'à contre-cœur et par
soumission que j'y retournerai. S'il le veut, j'en ferai le serment. C'est que,
voulant passer pour un homme d'honneur, il s'y passe des choses qui

échappent à l'œil du public, mais non à celui d'une épouse. En pareil cas
encore, elle aime mieux être loin que près : c'est si commun à Grenoble,
même parmi les vieillards, que l'amour-propre des femmes n'en est pas
blessé.

S'il avait la conviction que, sans provocation, je ne pusse rester plus de
trois mois sans commettre des *soi-disant* marques de folie, il serait satisfait
de l'épreuve que je sollicite, parce qu'elle lui donnerait gain de cause. Si la
justice, d'après toutes ces considérations, me condamne, je pourrai dire
avec certain auteur : *L'opinion publique*, FUMÉE *légère qu'un rien soutient et
qu'un rien fait évanouir ;* car, après avoir tant fait *pour m'illustrer dans ma
carrière de femme*, ne devais-je pas être sa favorite. On nous dit : *La liberté
individuelle doit être respectée...* ERREUR pour le siècle d'indépendance : la
mienne n'est-elle pas sacrifiée aux caprices de ma famille ! *Les juges doivent
être intègres....* S'ils me condamnent après des preuves aussi persuasives de
mon innocence.... ILLUSION : le cœur de l'homme d'état serait, comme celui
de monsieur Nadau, dans sa tête ; la justice est pour lui un JEU DE MOT ;
l'humanité, une DÉRISION ; la reconnaissance, un NON-SENS. Sa protection
n'est que trop illusoire, si même elle ne se nomme DUPLICITÉ. Les cris de
l'oppressé se font-ils entendre, on les étouffe.... Au reste, je ne suis pas la
seule à m'en plaindre : qu'on lise un journal du Dauphiné, dans l'hiver
de 1837, on verra comme monsieur Nadau y est connu pour son orgueil et
ses violences ? On peut dire :

« Il est donc en naissant des races condamnées,
« Par un triste ascendant vers le vice poussées,
« Que permirent des Dieux les décrets éternels,
« Pour être épouvantail aux malheureux mortels. »

L'esprit de parti ne prévoit jamais d'obstacle ; la prévention adopte tout
ce qui la flatte, sans calcul, sans raisonnement. Mais il faut espérer que
les juges seront plus consciencieux, qu'ils ne se laisseront pas aller à
l'influence de messieurs Michal et Nadau.

Je vous prie, Monsieur, de faire tous vos efforts et les démarches nécessaires pour me sortir d'ici le plus tôt possible ; car monsieur Faivre est

très mal : on craint la gangrène d'un instant à l'autre; il peut périr ; j'ai assez de mes malheurs sans être encore témoin de ceux des autres.

Il faudrait donc m'en aller avant l'événement; car, dans le moment fatal, par délicatesse je ne l'oserais plus, au moins de quelque temps. J'appréhende aussi de tomber malade : tant de secousses me réduiront là. Quelle perspective, grand Dieu!

Ayez la bonté de voir monsieur Jourdan et les deux autres personnes qui m'ont interrogée; disposez-les à me porter de l'intérêt, d'après la conviction acquise par leur interrogatoire : ils nous seraient bien utiles auprès des juges, pour obtenir ma demande et suspendre l'interdiction pendant l'année d'épreuve.

Quant au lieu de ma retraite, si vous n'avez rien en vue, comme je vous l'ai dit, pour ne pas perdre le temps, j'entrerai dans la première maison venue momentanément. Il y en a une près de Fourvières, une près de l'Antiquaille, plusieurs à La Croix-Rousse. Comme je n'ai pas de double de ce que je vous ai remis, je puis me répéter.

Monsieur Michal prétend que j'ai pris mes enfants à tic. — Voici la preuve du contraire :

Au mois d'avril de l'année dernière, étant malade de la grippe, et pour me soustraire à la fureur de monsieur Michal, je m'étais réfugiée à notre campagne, et j'y faisais faire les travaux de la saison. Mon fils, d'accord avec son père, venait m'y voir et y approuvait tout: il me parlait de la mauvaise humeur de son père, de son injustice, ajoutant qu'il n'y avait plus moyen d'y tenir, qu'il lui avait fait une scène plus terrible que par le passé!... Moi, qui devrais par expérience me défier sans cesse d'eux (ma bonté m'aveugle toujours), je suis flattée de sa confiance; je le comble des marques de ma tendresse. Il me fait partir avec lui pour Lyon, me disant qu'il y a une émeute, et qu'il faut y être pour surveiller notre propriété. En arrivant, je vois que tout est tranquille; je lui dis: « C'est une fausse alerte qu'on nous a donnée; et, franchement, tiens! puisque c'est ainsi, j'ai envie d'aller passer un mois à Marseille, auprès de tes sœurs, pendant ce temps, la bile noire de ton père passera, et je reviendrai quand il sera calme. »

J'ai à Marseille une fille qui a deux enfants. Ma cadette, mariée à Grenoble, et dont le mari est associé avec le mien et mon fils, était allée avec sa petite auprès de sa sœur pour changer d'air. Si je les haïssais et que je n'eusse pas oublié tout le mal qu'elles m'ont fait, aurais-je pensé à aller chez mon gendre et à rester de bonne amitié quelque temps avec eux? — Mon fils trouva mon idée très bonne, et me dit : « Eh bien ! je vais me retourner à Grenoble. » Le malheureux me donna le baiser de paix, le soir, me disant qu'il partait par la diligence..... Et, le lendemain, deux gendarmes habillés en bourgeois viennent, m'entraînent de force.... Je les suppliai de me donner un instant pour me remettre de l'émotion qu'ils m'avaient faite. Ils furent étonnés de voir une femme respectable leur parler avec modération ; ils me témoignèrent leurs regrets d'avoir été trompés : on leur avait dit qu'il fallait me prendre de force, parce qu'étant folle furieuse, je pourrais leur faire quelque mauvaise action. Ils m'exhibèrent l'ordre qui contenait ces expressions émanées de monsieur Leullion de Thorigny, procureur du roi. Ils étaient peinés d'être obligés de remplir leur mission... Je montai dans une voiture qu'ils avaient amenée, et je fus fermée pour la seconde fois chez monsieur Faivre, le 25 avril 1837. J'en étais sortie le 25 octobre 1836. J'ai donc resté à Grenoble jusqu'au 20 avril 1837. Pendant ce laps de temps, je me faisais gronder par mon mari, voulant inviter ma famille à dîner avec nous tous les dimanches, choisir les mets qu'ils préfèrent, donner à ma fille Olympe Margot, qui habite la même maison que nous à Grenoble, et dont le mari est associé avec le mien et mon fils, et à sa petite, les objets de ma garde-robe qui pouvaient lui plaire, puisque je n'avais jamais d'argent.

Voilà des détails bien minutieux ; mais j'y suis forcée pour prouver, par quelques exemples seulement, car j'en ai un grand nombre, que je ne suis pas une mère haineuse, et qui ne sais pas pardonner. Je m'arrête là ; mes yeux me font mal. Suivant ce que me dira votre clerc, demain je continuerai ; mais j'ose espérer que nous en aurons assez. Quoi-

qu'ils me calomnient d'une manière hideuse ; ma plume se refuse à tracer
leurs torts.

Recevez, Monsieur, les marques de la plus vive reconnaissance de celle
qui se dit, avec considération,

Sophie Michal, née Pascal.

Suite.

Je viens de recevoir encore une citation par huissier.... L'interrogatoire
n'est donc qu'une simple formalité dérisoire !.... Une personne que les juges
ont reconnue avoir parfaitement sa tête, on l'interdit, malgré cette décision !...
C'est une nullité, c'est un mépris pour ceux qui ont fait l'examen. Il me semble
qu'on ne peut se refuser à suspendre en ma faveur, jusqu'à la fin de l'année
désirée, où l'on doit trembler sur la partialité de la cour. Mais on peut sûrement en rappeler ? Sur quoi compter, quand on voit un Leuillon de Thorigny,
sur le simple dire d'un mari, d'un fils, d'un frère, donner l'ordre d'arrêter
une personne ? Ne doit-on pas la faire interroger auparavant ? On ne le fait
pas même après ; car toutes les fois que j'ai été fermée, je lui ai écrit et j'ai
su qu'il avait reçu mes missives. On le priait instamment d'envoyer un juge
pour m'interroger, lui disant qu'il avait été abusé, que je n'étais point folle.
Il se contenta de faire appeler les chefs des maisons où j'étais et où j'avais été
détenue. Ne sont-ce pas des êtres à récuser ? peut-on être juge et partie ?
Il n'a pas fait cas de mes demandes, et je suis restée fermée.

Je vous ennuie bien par mes dissertations : je n'ai que vous pour me faire
rendre justice ; et les malheureux ont tant besoin d'ouvrir leur cœur ! dans
l'espoir de trouver des consolations, ils ne s'aperçoivent pas qu'ils importunent.

Lorsque monsieur Michal me ferme, il ne veut pas qu'on me donne de
l'argent, parce qu'il prétend que j'en fais un mauvais usage, que je suis
prodigue, qu'aussitôt que j'en ai, je le dépense, et surtout le donne avec

profusion aux subalternes. Il y a douze domestiques ici ; voilà plus de sept
mois que j'y suis ; en entrant, madame Faivre me devait dix francs, qu'elle
me remit le lendemain, 30 novembre ; ils sont encore dans ma poche. Puisqu'il ne veut pas que je fasse des libéralités, je me conformai à son avarice.
Une prodigue ne peut se retenir ; une folle ne peut se raisonner. J'ai été
libérale lorsque les circonstances l'exigeaient, et selon mes moyens ; j'ai fait
la charité avec la même prudence. Mais, au reste, qu'on me donne donc
des preuves de l'une et de l'autre. Vous savez ce vieux proverbe : « Quand
on veut faire périr un chien, on dit qu'il est enragé. » J'ai été partout
admirée pour mon ordre, mon économie, ma bonne administration.

Après avoir transcrit ce que je vous adresse, vous me feriez plaisir de
me le renvoyer, pour ne pas faire des répétitions.

Je crois vous avoir marqué que monsieur Michal persiste à me tenir
fermée, à cause de son crédit : les chagrins que j'ai éprouvés sont connus
du public, et la banque est un état de confiance ; un rien donne de l'ombrage.
Il ne veut ni se contenir lui-même ni retenir ses enfants, et il me sacrifie.

Sophie Michal, née Pascal.

Ce 10 juillet 1828.

Monsieur,

Je vous envoie trois brouillards que je viens de retrouver. J'en avais dans
le temps fait passer copie à monsieur Leuillon de Thorigny, en le priant
instamment d'envoyer un juge pour m'interroger. Il ne fit pas cas de ma
demande, et je restai fermée. Vous y trouverez des choses que je vous ai
déjà données, et d'autres que je répugnais à faire connaître. Mes yeux ne me
permettent pas d'en faire la vérification ; je vous prie de les examiner, de
prendre ce qui vous conviendra, et de supprimer ce que vous jugerez convenable. J'ai fait ces écrits de nuit, comme vous le verrez, dans le premier
moment de désespoir.

Je voudrais obtenir justice, tout en ménageant une famille qui veut me perdre en me calomniant; je voudrais pouvoir me défendre contre leurs fausses attaques, sans dévoiler tous leurs torts. Mon cœur s'y refuse! Quelle position affreuse pour une épouse, pour une mère!

Vous verrez aussi que j'y fais beaucoup de dissertations pour faire connaître et mon intelligence et ma mémoire, pour prouver que j'avais ma tête; ma peine a été inutile. Vous retrancherez ce que vous voudrez : le tout est vrai; je l'ai fait, comme ce que je vous ai envoyé, d'abondance, sans préparation. Cela demande donc votre indulgence, soit en faveur du style, soit en faveur de ma mauvaise vue : à peine si je peux me lire.

Quelques propos de monsieur Michal que je vais vous confier, vous feront encore juger de la dureté de son cœur :

Après mon évasion de ma première prison, le 25 février 1835, j'ai resté ou chez mon frère, ou avec mon mari, jusqu'au 16 août, même année, qu'il m'a refermée. Un jour il me racontait le peu d'égard qu'avaient eu pour lui ses enfants pendant que j'étais fermée. Peu habituée à sa confiance, j'y fus sensible, et lui dis : « C'est là mon souci : si je venais à périr avant toi, comment serais-tu soigné dans ta vieillesse. — Oh! meurs tranquille... J'ai combiné mon affaire d'avance : je prendrai une femme de confiance qui soignera ma maison, ainsi que moi, et je n'irai jamais chez mes enfants. »

L'année dernière, dans les premiers jours de juillet, j'ai perdu mon frère l'aîné; il n'a pas voulu me laisser sortir pour le voir. Il s'est arrangé avec mon frère le cadet pour le mobilier et il a vendu tout ce qui ne lui convenait pas, même les diamants de ma mère, sans me consulter. Il vint deux ou trois fois me voir chez monsieur Faivre; il me dit un jour : « Convient que je serais bien heureux si tu mourais; car tu me coûtes bien de l'argent dans cette maison. » Deux jours après, il me dit : « J'ai à t'apprendre quelque chose qui te fera plaisir : tu désirais être enterrée dans la tombe de ta mère; je me suis informé : le laps de temps voulu est expiré; tu peux mourir quand tu le voudras.... » L'hiver de 1836 que j'étais à Grenoble, je pris la grippe d'une manière affreuse et j'avais des chagrins. Je fus très mal, je ne prenais qu'une tasse de bouillon blanc coupé avec du lait, toutes les heures, etc. Une tasse de café le matin me faisait du bien; un jour on me donna du tabac bouilli en place.

« C'est trop affreux! Je m'arrête et n'ose pas vous tracer le reste. En voilà malheureusement assez pour vous le faire connaître. J'ai rayé plusieurs choses dans les pièces que je vous envoie. Vous verrez l'article des remèdes, que je n'ai pas ôté, parce que je désire en donner l'explication, vu que, dans la pièce que j'ai reçue pour l'interdiction, et qui est entre vos mains, on y parle de poison; je veux donc me disculper. Voici le fait, que je vous ai déjà dit de vive voix :

Mon mari et moi avions eu une altercation très vive avec mon fils, étant à table; à la suite j'eus une indigestion qui dura neuf jours. Le médecin ordonna une potion qui me fit beaucoup de mal. Il voulait me saigner; je lui dis que j'avais perdu mon père après une saignée, ayant une indigestion, et que je ne le voulais pas. Il insista; je me fâchai. On me redonna de cette potion, et j'eus des convulsions affreuses. Ce fut dans ce moment que je dis: « Je suis empoisonnée! » Aujourd'hui on se sert en médecine de remèdes très dangereux. On pouvait m'en avoir donné une dose trop forte, ou le médecin s'était trompé, ou l'apothicaire; et comme la domestique et une autre personne en furent témoins, on me fit partir pour Lyon dans le même temps, sous prétexte de changer d'air. C'était le 3 novembre, et je fus fermée le 7 pour la première fois, chez monsieur Brun.

Et l'article où il est parlé que mon frère vivait avec sa domestique..... Ce n'est que par oui-dire; cela ne me regardait pas; mais comme ma mère l'avait mise dehors depuis peu de temps pour cette raison, et que tout le voisinage le savait, je crus devoir m'opposer, étant maîtresse dans la maison comme lui, à ce qu'il la reprit pendant mon séjour à Lyon, par respect pour la mémoire de ma mère..... Voilà une ennemie terrible : ces créatures sont très vindicatives..... Elle est toujours à la maison : mon frère le cadet et mon mari l'ont gardée. C'est elle qui gouverne en maîtresse absolue. Je suis, comme je vous l'ai dit, l'héritière de moitié avec mon frère le cadet, je paie la domestique de moitié aussi, et la nourris. Ils étaient convenus mon mari et mon frère, jusqu'à la Saint-Jean passée, de laisser tout en commun. J'y ai resté quinze jours au mois de septembre. Moi présente, c'était elle qui dirigeait tout, avait les clés de tout, et les ôtait quand elle sortait, moi dans l'appartement! On dit aussi qu'elle vit avec mon frère le cadet..... Jugez quelle ennemie j'ai là, et combien elle est intéressée à m'éloigner de la maison.

Pour l'affaire du portier..... Il administrait très mal les devoirs de sa charge ; il n'était pas fidèle, et m'avait insulté grièvement. Je me vis forcée de demander son renvoi. Voilà la cabale à la tête de laquelle monsieur Nadau s'est mis : ouvriers, portiers, domestiques..... En un mot, je puis dire orgueilleusement que c'est la vertu persécutée par le vice.

J'aurais beaucoup de détails à vous donner sur tout cela ; mais je crains de vous ennuyer, et je pense que vous en avez assez pour être convaincu qu'il est facile de gagner de telles personnes pour servir de faux témoins contre moi. Mais on peut les récuser : ce sont tous des gens sans moralité, et intéressés à se réunir à mon mari (tel qu'un monsieur Grandgeon, qui a signé pour l'interdiction), locataires à bon marché, et toutes des personnes qui affichent la grande dévotion.... Vous ne serez plus étonné si mon frère est contre moi, et si justice ne m'est pas rendue ; si l'on cède à la voix du plus fort, et non à l'équité !

Je crois donc vous avoir assez fait connaître que toutes ces accusations contre moi sont fausses ; il faut donc attendre qu'on m'en donne de nouvelles, qui seront repoussées par la vérité ! Une conscience pure et des antécédents honorables ! Il est facile de calomnier dans l'ombre une malheureuse dans les fers ! Il est un faux système, inventé par le siècle des lumières, que « ce qui est trop hideux ne peut être vrai. » Le crime se met à l'abri de cette maxime, et se commet impunément, sans crainte d'être châtié. Les journaux retentissent d'horreurs, de parricides, d'empoisonnements, d'homicides : les jurés pallient ! Les fautes moins graves ne sont donc pas écoutées. Aujourd'hui, dans cette belle France moderne, c'est en général les enfants contre leur père et leur mère, les domestiques contre les maîtres, les ouvriers contre ceux qui les font vivre : c'est le monde renversé ! Vous entendez la jeune France dire sans cesse d'une femme de cinquante ans : « Fi donc ! elle n'est plus bonne qu'à rester chez elle, à garder le coin de son feu, et à cracher sur les tisons ! »

Aussitôt que les enfants sont élevés, il faudrait que le père et la mère tournassent les yeux pour les faire jouir plus vite de leur succession ! et les vieux maris se débarrasser de leurs vieilles épouses ! Tout ce qui faisait autrefois le charme de la société, aujourd'hui est ridiculisé : le respect, les égards, la délicatesse, les vertus. Un jour une mère disait à son fils, qui est libertin : « Mon ami, je t'en prie, n'abandonne pas entièrement les principes religieux que je t'ai donnés ? — Comment veux-tu, ma mère ? ta religion est trop ancienne. — Ah ! mon fils, tu me fais trembler ! tu n'aimes donc plus ta mère ? elle est devenue vieille ! »

Je vous fatigue par mes dissertations ; mais excusez une malheureuse épouse et mère, qui connaît par théorie, expérience, pratique, les vicissitudes de ce siècle !!! Son cœur a besoin de s'épancher ; et je n'ai que vous, je n'ai de consolation qu'en vous.

Ce jeudi, 12 juillet 1838.

Je n'ai vu personne, et rien reçu. Votre clerc m'a dit que vous aviez l'espoir de me faire sortir d'ici, et que je pouvais choisir une maison. Je vous ai déjà dit que je n'en connaissais point. Vous qui voyez beaucoup de monde, vous pourriez peut-être me tirer d'embarras. Je préférerais une maison particulière, ou une pension, parce qu'une communauté ferait penser que je suis en réclusion par ordre de mon mari ; et ensuite il faut bien voir les personnes, pour faire d'avance les conventions ; car il ne faudrait pas que ce fût mon mari qui allât retenir ma place : il préviendrait les personnes contre moi, et ce serait ne rien faire. S'il m'était permis de sortir avec une domestique, et rentrer le soir, j'aurais bientôt trouvé ce qu'il me faut.

Enfin, j'ai toute ma confiance en vous ; voyez, dans votre sagesse, ce que je dois faire, et vous me l'écrirez le plus tôt possible, en m'apprenant ce qui se passe : si monsieur Michal est parti ; ce qu'il fait. Ne vous servez de ce que je vous envoie qu'à la dernière extrémité.

Agréez les marques de gratitude et d'estime de

Sophie Michal, née Pascal.

A Monsieur Leuillon de Thorigny.

Première Expédition.

Ce jeudi, 4 mai 1857.

Monsieur,

Depuis le mardi 25 avril, j'ai été fermée, soi-disant, par votre ordre, chez monsieur Faivre, à sa maison de santé, comme aliénée dangereuse. La surprise, la violence exercée contre moi par vos deux prétendus commissaires (ou gendarmes), au moment où je dînais, seule, dans mon appartement, au troisième étage, rue de la Reine, 6; me prenant tous deux, à l'ouverture de ma porte, à bras-le-corps (j'en suis encore meurtrie), ils m'entraînèrent sur l'escalier, en me disant qu' « ils étaient envoyés par vous, procureur du roi, pour me traduire dans une maison de santé, à l'effet de prendre des remèdes et parvenir à me guérir d'une folie qui menaçait mes jours. » Témoins mon portier et sa femme, qui avaient été prévenus par monsieur Michal de la mission de vos agents, et qui furent présents à la réception.

Malgré le saisissement causé par une conduite aussi arbitraire, je me contentai d'implorer leur humanité, les suppliant de me donner un quart d'heure pour me remettre d'une pareille émotion à la suite de mon dîner, et pour une cause aussi humiliante, pour la quatrième fois, et si injuste, n'ayant d'autre reproche à me faire que celui d'avoir trop aimé mon époux, et employé trente-quatre ans à faire son bonheur et celui d'enfants ingrats. Je demandai qu'il m'exhibât votre ordre, parce que, l'année dernière, monsieur Michal prit votre nom et un grand laquais procuré, je crois, par monsieur Nadau, avocat général, qui sert d'appui à mon mari pour me rendre malheureuse, ce dont je vous donnerai ci-après les raisons. Ce laquais, dis-je, se donna aussi pour commissaire envoyé par vous, qui désiriez me parler de l'affaire Nadau. C'est monsieur Michal qui m'a raconté cette fourberie, en causant cet hiver. Vous voyez qu'on se sert de votre nom pour faire de mauvaises actions. Vos soi-disant agents se refusent à me montrer votre commandement. Je demandai qu'on allât chez monsieur Faivre, rue Vaubecour, 12, qui était venu me voir aussitôt qu'il m'avait su arrivée, même la veille, et m'avait promis sa visite dans la matinée. Il était trois heures, j'ai été rendue avant le dîner chez monsieur Faivre, à sa campagne, qui est à quatre heures. On ne le trouva pas à son domicile.

Monsieur Michal, hélas! espère toujours que, par les révolutions réitérées, puisque j'aime ma liberté, que je suis d'une sensibilité extraordinaire, d'une imagination ardente, et par le spectacle des malheureux, je finirai par succomber..... Mais, non, Monsieur: née dans la douleur, puisque j'ai perdu mon père à six mois, et, retirée de nourrice, j'ai trouvé un beau-père et un frère du second lit; ayant habité Lyon vingt-six ans, j'ai été en butte à toutes les horreurs des révolutions et des chagrins domestiques que puisse éprouver une fille, une femme, une mère. Cependant une éducation soignée, des principes religieux, et un caractère heureux m'ont aidé à supporter les vicissitudes de la vie. Je puis certifier que j'ai rempli la piété filiale, pendant toute la durée de l'existence de ma mère; je l'ai perdue, âgée de quatre-vingt-six ans, en 1833, le 10 décembre. Ah! c'est depuis cette époque que monsieur Michal a levé l'étendard de l'injustice à mon égard : jusque là, c'était supportable, malgré un caractère altier, dominateur, emporté, violent, orgueilleux, ne me parlant jamais que de ma dépendance, et me répétant souvent : « Sophie, à la barbe et au menton est attachée la souveraine puissance ; *les femmes sont sous notre dépendance ; elles nous doivent l'obéissance.* »

Ma résignation, mon entière confiance à la Providence me faisaient un devoir de me conformer en tout à ses caprices et exigences. Mon cœur aimant, mon amour-propre me portaient à le prévenir en tout, à aller au devant de ses désirs; et, comme dans le *Kalife de Bagdad*, je cherchais, en vraie française, à me métamorphoser sans cesse pour attirer son attachement, puisqu'il disait à satiété que l'ennui naquit de l'uniformité. Je réunissais, pour lui plaire, talent supérieur sur le piano, chantant avec goût, dansant de même, saillies aimables, assiduité à l'ouvrage des mains, dans lequel j'excellais pour la perfection et l'activité, ordre, soumission, ne sortant jamais sans sa mère : c'était au dessous de la dignité de monsieur Michal de paraître en public avec sa femme; aussi aimait-il beaucoup celle dont il était l'honorable fils. Il rappelait souvent ce proverbe provençal : *Du pion de l'épale le pollin ressimble à la cavalo.* Pour compléter mon bonheur, en six ans, cinq enfants, mis au monde dans des souffrances affreuses, et, par les mauvais procédés de sa chère mère, j'ai été valétudinaire dix ans.

Je cherchais des consolations en donnant tout mon temps à ma jeune famille, ne sortant jamais sans mes quatre enfants; j'entrepris leur éducation, mon fils, le dernier, à cinq ans, ma plus jeune fille à sept, la seconde à neuf, l'aînée à onze, pour exciter l'émulation. J'ai instruit mon fils jusqu'à dix ans, qu'il fut livré entre les mains des maîtres. Je me restreignis à mes trois filles. Lecture, écriture, grammaire, géographie, calcul en grand, tenue des livres, mythologie, astronomie, histoire, ouvrage des mains en tout genre, principes religieux; j'employai deux années à leur inculquer les dogmes, pour recevoir, autant bien que possible, le Créateur. Je suspendis, pour y parvenir, tout exercice mondain, la danse, le chant, le piano; enfin, je me suis occupée, pendant vingt ans, depuis cinq heures du matin jusqu'à dix du soir, hiver comme été, de l'éducation de mes filles, jusqu'à l'époque où nous leur avons donné un époux.

Tout Grenoble, Monsieur, vous attestera la vérité de mes antécédents. Je puis dire que j'ai fait l'admiration de tous les Grenoblois capables de m'apprécier.

Ma tâche remplie envers mes enfants, monsieur Michal se met à spéculer sur les domaines et me donne l'emploi de les améliorer, de faire les réparations, de les embellir. Jusqu'à la mort de ma mère, je ne lui demandais presque rien pour mon entretien : il se confondait avec celui de mes filles. Après leur mariage, je venais toutes les années faire une visite à ma mère, et lui parlais de l'avarice de monsieur Michal, lui peignais ma pénurie; elle me sortait d'embarras. Hélas ! depuis que je l'ai perdue, je n'ai plus eu de ressources: monsieur Michal devint maître de ma fortune; sa maison de commerce a acheté, à fonds perdu, de mon frère l'aîné, sa portion de maison de l'héritage; et depuis la mort de ma respectable mère, décédée le 10 décembre 1833, ma position était bien changée.

Un an avant son décès, monsieur Pascal, mon frère aîné, qui était venu passer sa retraite auprès de ma mère, lui fit renvoyer une bonne domestique pour prendre la sienne. Je vins à Lyon le 12 août même année, et le lendemain de mon arrivée, je lui demandai si elle avait toujours la bonne de monsieur Pascal. — Non.....
Eh puis ! je l'ai congédiée, parce que je n'aime pas les servantes qui couchent avec leur maître. Benoît, son valet de chambre, me fait aussi la mine, vu que je ne veux pas de sa femme : elle a été de même la concubine de son frère. Au reste, je suis chez moi, et ceux qui n'y seront pas contents, s'en iront. —

Je gardai le silence, ma mère n'aimant pas les questions; mais au bout de quinze jours, avant mon départ, je dis à monsieur Pascal que ma mère baissait beaucoup; qu'à quatre-vingt-six ans c'était des jours de grâce, et lui recommandai, aussitôt que ma mère serait malade, de m'écrire de suite, afin que j'eusse le bonheur de lui prouver ma piété filiale jusqu'au dernier moment. — Il me le promit, et a gardé ma mère neuf jours après une attaque; il ne m'a écrit qu'à son décès, à cinq heures du soir. Il me disait que ma mère était très mal, et que je partisses de suite. Sa lettre arriva à six heures; j'étais dans la voiture du courrier à huit heures, et, les chemins étant très mauvais, je n'arrivai qu'à quatre de l'après-midi.

Ma pauvre mère était déjà dans son cercueil, et fut dans sa dernière demeure le 13, à midi. Les personnes du voisinage, les domestiques et l'acte mortuaire vous l'attesteront. Les explications à ce sujet avec monsieur Pascal, furent orageuses. Le lendemain, il me signifia l'intention de reprendre sa belle, que ma mère avait renvoyée. Je crus devoir m'y opposer pour la mémoire de ma mère; nouvelles rumeurs.

Ayant aussi accepté l'héritage de ma mère sous bénéfice d'inventaire, et monsieur Devrieu, mon beau-père, étant mort en 1817, sans fortune, ma mère en avait fait autant, par rapport à sa famille, héritière et créancière de son époux; il fut donc procédé à un nouvel inventaire. J'avais le double du premier, et, d'après celui qui fut fait au décès de ma mère, il s'y trouvait un déficit au moins de dix mille francs en bijoux en or, diamants, etc... Certes, ma mère, avec sa fortune, n'avait, j'espère, pas besoin de vendre un châle de parure de cinq cents francs, deux bagues à diamants de la valeur de trois mille francs les deux. Il veut le partage de la garde-robe de ma mère; je m'y oppose encore par respect pour sa mémoire, m'offre de l'acheter à l'estimation comme le reste. Le notaire et le juge de paix trouvèrent ma raison délicate; la garde-robe me fut adjugée. J'observais que, seule et mariée, ayant des filles, c'était naturel que je tinsse aux effets portés par ma mère. Je voulais aussi qu'elle fût considérée dans la tombe comme sur la terre, et ne devais pas souffrir que ce qui avait servi à son usage, fût porté par des concubines, puisqu'ils étaient tous les deux célibataires.

Voilà une guerre ouverte.

Monsieur Pascal m'a fait tout le mal qu'il a été en son pouvoir, avec sa domestique, qu'il a reprise aussitôt après mon départ, et son valet de chambre, tous les deux intéressés à m'éloigner; je n'ai besoin de vous en dire davantage à ce sujet; on me comprend.

Nous vînmes au 1er avril 1834 pour régler les comptes de la succession, et nous nous trouvâmes à Lyon au moment de l'émeute. Monsieur Pascal et monsieur Michal ne prenaient aucune précaution de sûreté; les boutiques toujours ouvertes, ainsi que la porte-cochère ; des révolutionnaires dans la maison ; et surtout un nommé Coudrier, dont plusieurs personnes ont dit à monsieur Michal, en ma présence, que c'était le plus grand mauvais sujet de Lyon, qui a resté les six jours de révolte absent.

Ledit Coudrier, plâtrier, habitait notre maison, et devait trois termes de loyer ; il donna sa dédite, écrite de sa main, à monsieur Michal, au mois de janvier 1836, ajoutant qu'il viderait la chambre le jour de la Saint-Jean, pour que le remplaçant pût y mettre ses meubles le 29, époque fixée par l'usage. Monsieur Michal, qui ordinairement quitte son pays natal à la Saint-Jean, pour venir à Lyon percevoir nos loyers, cherchait l'occasion de me faire renfermer ; il crut l'avoir trouvée, et il partit pour Grenoble le 12, me recommandant de surveiller les locataires qui voudraient s'en aller sans payer, et de ne pas laisser sortir leurs meubles ; et aux locataires, il disait : « Quoi que vous dise ma femme, ne l'écoutez pas, elle est folle, et je veux la faire renfermer ; si elle vous demandait de l'argent sur vos loyers, ne lui en donnez pas, parce qu'elle en ferait un mauvais usage. »

J'avais obtenu de mon mari et de monsieur le Curé de la paroisse l'approbation de faire placer un reposoir sur la porte de notre maison ; et Coudrier, que je ne croyais pas une canaille, s'était aidé à l'élever. Quand il fallait de l'argent, soit pour des clous, soit pour d'autres fournitures nécessaires au reposoir, c'était lui que les autres ouvriers me députaient ; et, au lieu d'employer l'argent à ces fournitures, on achetait du vin blanc de Condrieu et des biscuits, que l'on buvait et mangeait chez le portier en se moquant de moi. Une nommée Clément, dont le mari est ébéniste dans notre maison, se chargea d'acheter une couronne d'immortelles ; n'ayant pas de monnaie, je lui remis cinq francs. La couronne se montait au plus à un franc ; le reste a eu le même sort, et lorsque je voulus me faire rendre compte, sur trente-cinq francs que j'avais donnés, je vis que les fournitures se montaient au plus à dix francs. Je fis appeler les ouvriers, tels que Coudrier, Diot père et fils, Clément, Paillé, Gros père et fils, le portier de notre maison, et autres, tous locataires, excepté Paillé qui est notre voisin et notre serrurier. Ils se rejetaient tous les uns sur les autres : personne ne savait ce qu'on en avait fait. Coudrier ne niait pas avoir reçu l'argent ; mais, comme les autres, il n'osait pas me dire comment il l'avait employé. Je m'obstinais à leur demander un compte détaillé, ou restitution des espèces, leur disant : « Je suis en puissance de mari, et il faut que je présente des comptes. » Ayant tenu ma parole de les récompenser par un souper chez moi, je leur fis des reproches sur ce qu'ils s'étaient conduits d'une manière qui avait scandalisé toute la maison ; que, non seulement ils s'étaient enivrés, mais ils avaient chargé leur estomac au point de rejeter ce qu'ils avaient pris de trop ; et que, non contents de cela, ils avaient rempli leurs poches ! De plus, la portière, qui vendait du vin à porte-pot pour madame Boirivant, m'en compta le double, ainsi que d'autres articles. — Mes observations furent vaines et ma peine perdue. Je n'ai eu à me louer que de Gros et de son fils, qui cherchèrent à empêcher le désordre, et ne furent pas écoutés. Ainsi vous voyez que c'est une cabale faite contre moi pour me porter à l'exaspération.

Dans la semaine le père Gros vint me dire, la larme à l'œil : « Madame, je suis un honnête homme, j'ai été scandalisé des propos qui se tiennent chez votre portier ; par délicatesse je n'ose vous les répéter ; mais comme il s'est dit que votre mari vous avait laissée sans argent, je vous apporte mon terme, et je ne souffrirai pas que la maîtresse de la maison en soit privée ; de plus, je puis disposer de la somme de cent francs, et je vous l'offre. »

Je le remerciai ; mais comme j'avais fait vœu que si je pouvais m'échapper de chez les Bonnet, maison de force, je ferais mettre une croix de fer à ma mère, je profitai de l'absence de monsieur Michal pour l'acheter, fis mettre un cadre à la couronne d'immortelles que j'avais fait bénir dans cette intention, et montai à quatre heures du matin, le 29 juin 1836, avec lui, le nouveau portier, la domestique de madame de Saint-Julien, la femme Mignot. J'achetai la croix en leur présence au chemin Neuf, et la leur fis cimenter devant moi à Loyasse.

A mon retour, je trouvai monsieur Michal, qui arrivait de Grenoble, d'une humeur massacrante, et lui fis voir la sonnette cassée dans la nuit par monsieur Nadau. Dans la matinée, il me fit les excuses de monsieur Nadau pour ses violences ; mais ensuite il alla commérer avec tout le voisinage, depuis le plus élevé jusqu'au plus humble, afin de ramasser des documents faux pour me faire renfermer.

Ce fut alors qu'un jour, à la promenade, en me toisant, il me dit : « Oui ! on a encore de la tournure ; mais, c'est égal, on a plus de soixante ans, et quand on a des amoureux jeunes, il faut les payer. » Je le regardai fièrement, et lui dis : « Michal, quand on a été convaincu comme toi des vertus de sa femme, et que pendant soixante ans on en a eu la preuve, ce n'est pas à cet âge qu'on change.... Mais c'est égal, je veux savoir qui t'a tenu ces propos, et si tu dissimules, je soupçonne que c'est mon frère l'aîné, et je te garantis qu'à la première rencontre je le soufflette. » — Comme il vit mon courroux, il me dit : « Ce n'est pas vrai, personne ne m'a rien dit; c'est une plaisanterie que j'ai voulu te faire. »

Nous eûmes plusieurs explications à ce sujet; il affecta plus de prévenance pour me dissuader, et le lendemain, 2 juillet, sortant pour ses affaires, il me dit : Tu viendras m'attendre à Belle-Cour, et nous rentrerons ensemble. — Je me rendis à son invitation, et l'attendis jusqu'à huit heures du soir. Alors je me décidai à rentrer seule. En approchant de la maison, je vis les portiers et différentes personnes qui m'insultèrent grièvement à mon passage. Je hâtai le pas. Le nommé Coudrier dit : J'ai un pistolet chargé à deux coups, il faut que je la tue; j'aime autant mourir sur la guillotine que dans mon lit....... Et puis, elle est folle : son mari l'a déjà fait fermer deux fois, et demain il la fait refermer aux Antiquailles. —

Au lever de monsieur Michal, je lui racontai tout ce qui m'était arrivé. Il me traita de visionnaire. Le même jour, un canonnier, dont je vous parlerai plus tard, vint pour voir si la pendule allait bien. Monsieur Michal lui dit : Sortez, vous êtes une canaille! — Cet horloger lui dit : Monsieur, je n'ai jamais été traité de la sorte, et j'en appellerai au procureur du roi. — Alors, monsieur Michal lui ferma la porte dessus.

Le lendemain, un gendarme, habillé en bourgeois, vint et me dit : Madame, j'ai quelque chose à vous dire en particulier. — Je lui répondis : Voilà mon mari. — Il reprit : C'est égal, il faut que je vous parle seule. — Alors, je l'emmenai dans une autre pièce; il me dit : Je viens de la part du procureur du roi, pour l'affaire Nadau, et vous prie de venir lui parler de suite. — Je riposte : Une femme en puissance de mari ne doit se mêler de rien, il faut vous adresser à mon époux. — Il me répond : Non, Madame, c'est à vous que monsieur le procureur du roi veut parler. — Je reviens avec lui auprès de mon mari, et dis : Voilà ce que Monsieur vient de me dire; il me semble que c'est vous que cela doit regarder. — Non, c'est toi que cela concerne. —

Alors, j'obéis; et quand je vis la voiture prendre le quai du Rhône, je dis à la personne qui m'accompagnait : Monsieur le procureur du roi demeure sur la place Saint-Jean, hôtel Chevrières. — Il me répond : Il est à la campagne, chez un de ses amis. — Quand je fus près de la maison de monsieur Faivre, que je connaissais, je lui dis : Monsieur, vous m'abusez : c'est dans une maison de santé que vous me menez; d'ailleurs, je la connais, le chef est mon médecin. Mais vous jouez un rôle infame ! C'est une épouse, une mère malheureuse dont on veut se défaire, et voilà la troisième fois que je suis fermée.

C'est celle du 6 juillet 1836. Je conservai mon calme et ma résignation ; j'accueillis toutes les personnes de la maison. Monsieur Faivre arriva une heure après, et me dit : Votre mari est venu chez moi, en ville, en me disant : «Depuis que ma femme est sortie de chez monsieur Bonnet, je vous tourmente de la prendre volontairement. Eh bien ! à votre refus, je viens de l'y faire conduire de force. — Malheureux ! lui dis-je, qu'avez-vous fait ? il y a de quoi lui faire prendre les convulsions.... » Mais je vous vois calme, cela me tranquillise , etc. , etc.

Je dois vous faire observer que monsieur Michal m'a avoué, six mois après, que ce prétendu gendarme était un laquais que lui avait procuré monsieur Nadau.

On a bien raison de dire, que ce sont les battus qui paient l'amende ; car vous verrez par la suite, d'après les détails que je vous donnerai, que c'est monsieur Nadau qui aurait dû être puni d'une manière exemplaire, et c'est moi que l'on sacrifie.

Excusez, Monsieur, si cet écrit est mal peint : à soixante-deux ans passés dans les peines, les tribulations, les chagrins, une vue affaiblie par les larmes ; d'ailleurs, c'est sans préparation, d'abondance, et en présence de plusieurs personnes réunies à causer chez monsieur Faivre.... C'est lui qui m'a dit que vous exigiez de moi un mémoire détaillé. Il sera long, même en ne vous traçant que les faits les plus marquants. Je serai brève autant que possible, mais pour vous faire connaître les motifs de mes ennemis à me calomnier, les détails en seront minutieux.

O Dieu juste ! vous que l'hypocrisie de la plupart des hommes a si souvent offensé ! regardez-les en pitié maintenant.... Combien ils souffrent sous votre main vengeresse ! La mort subite de madame Nugue, mère de madame Nadau ; la mort subite de monsieur Nazeret, ami de mon frère l'aîné ; le vol qui lui fut fait à la même époque, dans l'intervalle de huit jours ; sa stupidité ou enfance, sa paralysie ; l'état inquiet, la violence, l'avarice, le trouble de l'ame de mon époux ; les autres personnes qui m'affligent, sans cesse maladives ; la triste santé de mes filles, elles qui semblaient devoir faire l'épitaphe du genre humain ; la maladie morale de l'enfant de monsieur Margot, gendre de monsieur Michal ; l'état valétudinaire de monsieur Margot ; le mépris que ma famille inspire aux gens de bonne conduite : toutes ces plaies sont autant de preuves de la colère de Dieu !... Eh ! ils sont toujours aveugles ; ils murmurent contre la Providence.

« Le repentir est le premier bourreau,
« Qui dans un sein coupable enfonce le couteau.

Que gagne l'ambition meurtrière ? les honneurs, le pouvoir, l'orgueil, l'avarice, l'amas des richesses ? Hélas ! le temps leur prouvera qu'ils les ont chèrement achetés. Ils se trouveront abaissés dans leur grandeur, isolés, maladifs, méprisés, en proie aux remords. Que leur restera-t-il donc ? Y aura-t-il dans l'univers quelques remèdes à leurs maux ? non : l'homme coupable de quelque crime est persécuté dès cette vie par la crainte d'un châtiment proportionné à l'énormité de son forfait, et cette persécution en est la première expiation... Tremblons aussi d'être injustes envers nos semblables !!!

Pénétré de ces pensées, j'ose me flatter que vous aurez pitié de celle qui a tout son espoir en vous.

Sophie Michal, née Pascal.

A Monsieur Crüillon de Thorigny.

Seconde Expédition.

Ce 10 mai 1837,

Monsieur,

Permettez que je reprenne la narration de mes malheurs. Entre les qualités du cœur, celle, selon moi, qu'on estime le plus, est cette élévation de l'âme qui se refuse au mensonge. Je sais combien il est utile de tout penser et de tout dire : les erreurs cessent d'être dangereuses, lorsqu'il est permis de les combattre ; alors elles sont bientôt reconnues pour leur valeur ; elles s'ensevelissent d'elles-mêmes dans le fleuve d'Oubli, et les vérités seules surnagent. Ainsi je présente dans ma défense la coupe des consolations à toutes les femmes éprouvées comme moi par ces souffrances morales et physiques provoquant ces rêves effroyables qui ne laisseraient qu'un long désespoir pour unique et dernière perspective, si la Providence ne soutenait notre courage !

J'ai vu le masque odieux dont l'envie se complaît à me défigurer ; je sais de quel voile infâme la haine n'a pas craint de me couvrir ! J'ai pensé qu'il était de mon devoir de le déchirer, vu que les traîtres changent sans cesse de forme : ils adoptent indistinctement toutes les couleurs, la ruse, l'hypocrisie, la violence, la perfidie, la clé d'or !!!

Revenons aux faits.

Monsieur Michal craint beaucoup les voyages, excepté lorsqu'il veut faire fermer sa femme : les veilles, les fatigues alors ne lui coûtent rien, ni la dépense. Il eut donc la bêtise de confier la gestion de la maison à monsieur Pascal, mon frère l'aîné, qui, ayant vendu sa portion au commerce de mon mari, en rente viagère, éprouvait un plaisir à donner les locations à bon compte, et faisait des réparations à grands frais : il me l'a dit lui-même. J'ai blâmé sa conduite ; il a pris encore de l'humeur contre moi, et a monté la tête des locataires et des bigotes (*) de la maison.

Lorsqu'il fut revenu à Grenoble, étant maître de ma fortune, n'ayant plus rien à craindre ou à espérer de moi, il ne garda plus de décorum. Les injures et les scènes secrètes sont devenues publiques ; j'ai été bafouée devant les enfants, les domestiques, les étrangers, etc. Il ridiculisait mes vertus, que dans un temps moins malheureux il admirait. Cela autorisait à en faire autant ! Je fus très sensible à ces nouvelles humiliations. Prières, observations, raisonnements furent inutiles ! On en vint jusqu'à me donner des drogues pour me faire délirer. Ma santé étant déjà altérée par ces nouveaux chagrins, ces narcotiques me firent beaucoup de mal, refoulèrent tout mon sang au cœur, et le reste de mon corps était glacé ; d'autres me jetèrent dans des convulsions affreuses ; d'autres me paralysèrent entièrement. On me fit venir à Lyon, soi-disant, pour me changer d'air, et l'on me ferma le 7 novembre 1834, chez monsieur Brun, à La Croix-Rousse ! Cette première incarcération faillit me coûter la vie !

L'horreur d'un pareil procédé, l'ingratitude si noire de tous les miens, me jeta

(*) La vraie religion est de faire aux autres ce que nous voudrions qui nous fût fait, et non d'attiser le malheur sur ceux qui déjà en sont accablés, comme se comportent les gens de notre maison, ou qui ont des relations avec mes ennemis. Ils se sont unis à celui qui se rend redoutable par sa *vindication*, ou devenus faux témoins par l'or que monsieur Michal répand pour écraser sa victime.

dans un désespoir affreux. Eh! voilà comme on traite les victimes dont on veut se défaire! la douleur est folie!!! Je passais les nuits à verser des larmes sur mon triste sort. Le prétexte de monsieur Michal pour me séquestrer, afin de fasciner les yeux du public sur sa cruauté, était que j'avais pris ma famille à tic..... Quelle perfidie!... Dans le cas où mes chagrins vinssent à être connus, il voulait pouvoir dire : « Vous voyez qu'elle est folle : ayant toujours aimé ses enfants, aujourd'hui elle s'en plaint. »

Cependant, toujours résignée à la volonté suprême, et ayant sans cesse à la pensée que Dieu nous dit : « Aime-toi, je t'aiderai », je cherchais tous les moyens de me faire aimer, malgré les mauvais traitements exercés contre moi : vexations en tout genre, contrariétés de toute espèce; m'apportant une chose quand j'en demandais une autre; me laissant souffrir de besoin; me forçant à prendre un bain après le déjeuner, m'y faisant mettre par un valet d'écurie, qui employa la force et les coups, me déshabilla lui-même, me donna des coups de pied, dont un sur la figure, que j'ai gardée enflée pendant quinze jours! Et tous ces mauvais traitements avaient été commandés par mon fils, qui était allé arrêter lui-même ma place; ayant dit à une fille qui était spécialement chargée de soigner les folles : « Que l'on contrarie bien ma mère, qu'on la tourmente bien, pour qu'elle s'agite, parce qu'il est nécessaire qu'elle passe pour folle!... »

La plume me tombe des mains! L'aveu de la bouche de cette fille a été fait au bout de quinze jours. Elle fut touchée de ma résignation, de ma patience, de mon courage à repousser les mauvais traitements par de bons; sa conscience était bourrelée; elle me fit cet aveu en présence de monsieur et madame Brun et de toute la maison! Monsieur Brun lui dit : « Comment osez-vous avouer une chose qu'il vous était défendu de dire? — Oui, Monsieur, j'ai enfreint vos ordres, parce que j'ai le cœur ulcéré d'une pareille injustice; et à l'avenir, par mes soins, mes égards, j'espère faire oublier à madame Michal mes mauvais procédés. » — Ah! je puis dire qu'après cela, pendant trois mois, je n'ai eu qu'à me louer des maîtres et des domestiques; mais l'amour-propre m'a forcée d'en sortir.

L'effet ordinaire de l'ambition détruit même les sentiments de la nature, et les couvre du voile hideux de la plus noire ingratitude. Tel est mon sort!... Mari, enfants, tous conspirent la perte de mon bonheur; ils ne réfléchissent pas que le leur en dépend. Il n'y a que les grandes passions qui produisent les douleurs vraies et extrêmes et les chagrins durables. Je lutte sans cesse contre le désespoir de me voir vendue, trahie, ah! par qui? par ceux que j'ai tant aimés, et que je ne puis payer d'indifférence; car je forme à chaque instant des vœux pour leur conservation et pour le retour de leur affection envers une épouse et mère qui n'a vécu que pour les rendre heureux!!!

En vain aussi je voudrais dérober à ma pensée les noms de ces êtres pusillanimes qui changent avec ma fortune, et dont je serai bientôt obligée d'accuser ici la coupable indifférence et l'égoïsme. Avec l'apparence d'un sentiment de modération et de générosité, on vous plaint, on s'insinue dans votre confiance, on vous promet protection les larmes aux yeux! Sommez-les de leur parole, un long silence vous prévient déjà que vous êtes dupe sur votre attente; un prétexte vous est adressé pour la lenteur à répondre à votre demande; on vous fait des excuses de ne pas vous obliger, tout en vous adressant des éloges pompeux; et l'on finit par vous avertir que des considérations forcent à être neutre. Eh! on ne l'est pas pour vous noircir, pour activer et précipiter votre perte!!! Quel siècle! Grand Dieu, ayez pitié d'une infortunée épouse et mère? J'ai toujours été payée par la plus terrible perfidie, par de prétendus amis dont le changement ouvrit dans mon ame sensible de profondes blessures!

Je voudrais faire connaître et partager ma douleur; mais je crains toujours d'imprimer une flétrissure éternelle sur des noms qui me sont toujours chers! Je répéterai à satiété : « Mes chagrins viennent d'avoir voulu protéger le faible contre l'oppresseur, faire triompher la vertu inflexible contre le crime, d'avoir été indulgente pour l'erreur, compatissante envers les malheureux. Je suis d'ailleurs devenue l'objet d'une basse jalousie : on me suppose des torts que je n'ai jamais eus, et la noire envie empoisonne mes démarches et mes actions les plus simples! Le souffle gangrené qui a flétri toutes mes espérances de bonheur, continue à me courber sous le poids des humiliations; et cependant j'ai souffert les persécutions avec courage, résignation, m'en consolant par le témoignage d'une conscience pure et d'un cœur innocent : car les années que j'ai passées entièrement occupée de l'éducation de mes enfants, étaient loin de m'être pénibles : je remplissais ce devoir sacré, non comme une tâche pesante, mais comme une occupation chérie qui entretenait dans mon ame la source des jouissances les plus pures.... Travailler pour ma petite famille m'ouvrait une carrière de bonheur; les veilles, les tensions d'esprit, les peines du corps ; tout était oublié devant la perspective d'un avenir heureux.... Il est resté dans la boîte de Pandore, je crains bien, pour toujours ! Pourrai-je jamais oublier tant de maux physiques et moraux. ?

Je ne retrouverai peut-être plus ce que j'ai perdu : on a trop humilié et entaché ma réputation?

Le monde est si crédule pour le mal ! il ne se donne jamais la peine de s'en assurer. La prévention triomphe aujourd'hui, toujours, sur la vérité. Le public, avide de nouvelles, ne prend pas le temps de remonter à la source d'où elles découlent ; il accueille plus favorablement celles qui répandent le mépris et les injustices, que celles qui annoncent un hommage rendu à la vertu. D'ailleurs les Français se donnent rarement la peine de réfléchir sur les impressions que des écrits ou des discours envenimés peuvent produire ; mais ils se laissent aisément séduire et aveugler par les récits infidèles et piquants d'anecdotes scandaleuses ! Que peut-on opérer dans ce siècle de si belles lumières.... Je m'écarte de mon sujet : la matière que je traite est si féconde !

Pour m'attirer l'attachement de mes geôliers, j'enseignais l'écriture, la grammaire à la petite fille de monsieur Brun, et à lire haut, d'une manière agréable, pour me remplacer auprès de madame Brun, parce que dans sa maladie, pour la distraire, j'étais son lecteur. Je montrais aussi à toucher du piano et à chanter à son fils, nommé Henri.

Le malheur rend curieux. Un jour, écoutant la conversation d'un autre fils, nommé Paul, et de la mère, j'entendis : Conviens que c'est une infamie de faire passer madame Michal pour folle, une femme, pour son âge, aimable au possible.

— La mère répond : Son mari sait bien qu'elle a parfaitement sa tête ; mais il la prise à tic et veut la laisser en réclusion. Si nous lui disons de la reprendre, il l'a mettra dans une autre maison ; il paie bien, autant la garder !

Depuis ce jour, j'ai combiné ma sortie, et j'ai réussi le 25 février 1835.

Monsieur Michal me l'a dit souvent : « Je sais bien que tu n'es pas folle ; c'est un prétexte pour te tenir fermée. » Mon fils, dans ce dernier voyage où il m'a accompagnée, sous le faux récit qu'il y avait une émeute à Lyon, qu'il le fallait, *soi-disant*, pour me soustraire à la fureur de son père (feignant de me plaindre), et ensuite, pour veiller à notre propriété commune, dans un moment de désordre, puisque monsieur Michal, *soi-disant*, ne voulait pas se déranger. Il est convenu en route qu'il savait bien que son père ne me croyait pas folle ; que ce n'était qu'un moyen pour me tyranniser, m'humilier; que j'avais eu tort d'avoir tant plié, étant jeune, sous les caprices de son père; que je l'ai accoutumé à l'économie, à mes privations, à ma soumission pour supporter par degré son mauvais caractère, qui est devenu intolérable pour tous; qu'il est bien naturel qu'à mon âge, après avoir tant fait pour les autres, je pensasse à moi à la fin de ma carrière. » Mais que l'humeur bizarre de son père, son avarice croissant avec l'âge, était ce qui causait notre désunion; qu'à ma place il demanderait une séparation de biens, et qu'alors mon mari s'accoutumerait peut-être à ce nouveau genre de vie; d'habiter rarement avec lui; cela changerait peut-être ses idées, »; et

Madame Brun en était convenue, en me disant : « Prenez garde, vous serez malheureuse, si vous allez à Grenoble. »

Madame Bonnet, chez qui j'étais depuis six mois, m'avait aussi fait l'aveu que mon mari lui avait fait la confidence qu'« il ne me ramènerait jamais à Grenoble »; et la preuve, c'est que depuis le 15 février 1836, que je me suis échappée de chez les Bonnet, monsieur Michal n'a cessé de tourmenter monsieur Faivre pour me recevoir chez lui, et a fini par m'y mettre de force le 6 juillet même année, comme je vous l'ai dit ci-dessus; et ce n'a été que par ruse qu'il m'en a sortie, et s'est décidé à me ramener à Grenoble le 25 octobre encore même année, mais avec la pensée de me mettre, au printemps, dans une maison de santé à Genève, qu'il avait découverte. Monsieur Faivre me l'avait dit.

Et au mois de mars, il feignit de l'abandon; ce qui lui arrive toutes les fois qu'il a de mauvaises intentions, et me dit qu'il voulait me faire oublier mes peines passées, et que, comme j'aimais les voyages, il me ferait connaître la Suisse, et me mènerait à Genève. Je lui dis que je connaissais ses intentions hostiles contre moi; que monsieur Faivre m'avait prévenu de me méfier de Genève! — Il fut piqué, et il combina ma dernière catastrophe.

Vous voyez, Monsieur, que je suis en butte à la malveillance, et non affligée de folie : si je l'étais, c'est une maladie comme une autre; mais passer pour telle par trahison, jalousie, ambition, envie, méchanceté!... Ah! Monsieur, j'espère sur votre protection pour faire cesser des actes arbitraires. Vous avez trop d'équité pour laisser planer, sur une malheureuse grand'mère, une pareille injustice, qui tend à lui ôter son honneur et celui de ses petits-enfants. Les lois sont créées pour soutenir l'innocent opprimé; vous, Monsieur, qui les mettez en vigueur, ne soyez

pas sourd à la prière de celle qui se dit, avec considération, espérance et
gratitude,

Sophie Michal, née Pascal.

Monsieur Michal m'a fait dire par monsieur Faivre, qu'il voulait une séparation
de corps et de biens, mais qu'il exigeait que j'en fusse le provocateur, et à la cour
de Grenoble. Cela seul, Monsieur, doit vous déciller les yeux. C'est inconséquent :
si je suis folle dangereuse, comme votre prétendue signification le porte, je ne suis
pas dans le cas de demander, le manque de facultés morales s'y oppose; si je ne
suis pas aliénée, la loi doit être en ma faveur et doit me protéger. Vouloir moi en
captivité! Lui, qui m'attaque, doit faire la demande, et que ce soit aux tribunaux
de Grenoble que je m'adresse dans sa patrie, au milieu de sa famille! Ah! Monsieur,
lequel de nous deux est aliéné?

Quelle infamie! des époux de soixante-deux et de soixante-sept ans, plaider en
divorce, quel scandale! Je sais que je dois mettre ma vie à l'abri de sa fureur, de
sa haine, de sa folie, mais seulement m'éloigner d'une manière qui ne nous rende
pas de sujet de la censure publique. L'air de Grenoble a toujours été préjudiciable à ma santé, et plus elle s'affaiblit,
moins je puis le supporter. Mes connaissances le savent toutes; voyant l'orage
toujours près d'éclater, je les préparais à mes voyages, tantôt à notre campagne,
tantôt à Lyon, mon air natal, où ma présence est souvent aussi nécessaire pour
veiller à notre propriété. Mon mari me donnerait mes revenus, je lui abandonnerais
le capital qu'on jugera lui revenir, pour me laisser jouir de notre petite campagne,
qu'il néglige, abandonne, laisse dépérir. Ce serait ma retraite où je me renfermerais
avec mes chagrins; mais au moins mon existence ne serait pas compromise, et nous
sauverions les apparences.

A Monsieur Feuillon de Thorigny.

Troisième Expédition.

Monsieur Michal ne dormit pas tranquille jusqu'à ce qu'il eût trouvé moyen de
me resserrer; et, par un raffinement de barbarie, il ne me remettait pas dans la même

maison, parce que « j'avais le don de me faire aimer, et que j'y serais trop bien. »
Paroles textuelles, dites à moi-même.

Je fus donc de nouveau incarcérée, le 16 août 1835, chez Bonnet, à Saint-Just,
aux bains Romains, d'où, malgré les argus, je sus m'échapper, après six mois
d'une surveillance extraordinaire, et toujours sans avoir vu ni époux, ni enfants,
ni parents, ni amis, toute correspondance interceptée. Monsieur Michal me fit la
faveur de venir me voir aux fêtes de Noel, et lorsque j'eus acquis la certitude qu'il
me laissait, je pris, en sa présence, un vomissement qui dura tout le jour, au
point que monsieur Bonnet et son épouse en étaient inquiets, et le lui dirent. Sa
réponse fut : « Ce n'est rien, je l'ai vue souvent plus malade ; elle n'en mourra pas :
elle a l'âme chevillée dans le corps. D'ailleurs, j'ai juré qu'elle ne remettrait pas
les pieds à Grenoble : sa présence ferait tort à mon crédit. Elle veut le respect de
ses enfants, et eux, imbus du système de la France moderne, ne veulent pas se
soumettre. Moi, je veux la paix à tout prix ; mon état l'exige, la confiance du public
gît là. »

Madame Bonnet m'avait aussi prise en belle passion : il est si agréable d'avoir
une pensionnaire qui met de la gaité dans une telle maison, qui est sobre, point
exigente, de bonne santé ; monsieur Faivre en conviendra. Le plus intéressant
pour eux, c'est que l'on paie bien, afin d'être mieux surveillé, et pour que les
plaintes ne puissent parvenir.

Malgré ces jouissances, je m'échappai de chez Bonnet le 15 février 1836.
Monsieur Michal accourt ; et comme tant de chagrins avaient altéré ma santé, et
que je ne voulais pas consulter le médecin de ces deux maisons, d'où j'étais sortie.
Monsieur Michal qui, par un calcul, savait que monsieur Faivre avait aussi une
maison de santé, jeta ses vues là, et me parla très avantageusement de ce médecin.
Étant très malade, je consens à le consulter ; mais ma santé n'était pas le sujet intéressant pour monsieur Michal : il tourmentait en secret monsieur et madame
Faivre pour me prendre, alléguant qu'il ne voulait pas encore me mener à Grenoble, que j'étais en apparence guérie, mais que j'avais des rechutes terribles, et
qu'il ne voulait pas s'exposer. Les deux époux, soi-disant, ne cessaient de lui
observer qu'il y avait de l'inhumanité dans sa demande, qu'il m'avait assez jugée
pour être convaincu que j'avais du chagrin, qu'il me fallait de la distraction, et
point de contrariété ; que ces détentions pourraient me faire beaucoup de mal :
d'abord, par la perte de ma liberté, la présence des aliénés, nerfs délicats, étant
très sensible, l'imagination ardente, bon cœur, le spectacle des malheureux me

ferait bien du mal. Depuis le 1er mars jusqu'au 6 juillet, même demande et même résistance des époux. Mais à cette époque, l'appas de l'or ouvrit la porte et la referma sur moi le 6 juillet 1836.

Monsieur Michal dans l'intervalle fit plusieurs voyages à Grenoble, me laissa seule à l'hôtel du Midi, ensuite me mit chez moi, rue de la Reine, 6 ; il repartit le 12 juin, revint le 29 avec des procédés d'une hostilité horrible, et finit par me faire enlever de force encore par un soi-disant commissaire de police émané de votre ordre, et je fus fermée le 6 juillet 1836, chez monsieur Faivre. Ce dernier me dit : « Votre mari ne cesse de répéter à tout le monde qu'il vous est très attaché, qu'il donnerait la moitié de sa fortune pour obtenir votre guérison ; que vous passez des mois entiers dans votre état naturel, et ensuite devenez insupportable ; qu'il faut absolument que vous restiez quelque temps chez moi jusqu'à la certitude de votre guérison. Vous concevez que ne vous connaissant que depuis le mois de mars et ne vous ayant vue qu'en visite, il faut que vous preniez patience, et je vous éprouverai. »

Monsieur Faivre, en homme adroit, me joua une scène de comédie dont je me laissai abuser, ayant confiance en lui. La voici :

A l'heure du dîner, il arrive en ma présence comme un homme essoufflé, et me dit : « O mon Dieu! je tremblais pour vous : je craignais que cette incarcération subite ne vous eût agitée.... Bravo! je vois que vous avez de la fermeté et du courage! Tout ira bien, soyez tranquille. » Deux ou trois jours se passèrent en explications, et me trouvant à table, madame Faivre, plus méchante que lui, en réponse à mes griefs, me dit devant tous ceux qui y étaient : « Madame Sophie, vous vous plaignez toujours de votre mari et de vos enfants ; nous devons penser que les torts sont partagés. » — Indignée, je ripostai : « C'est le pot de fer contre le pot de terre ; c'est l'or contre celui qu'on a dévalisé. » — Monsieur Faivre, en colère, donne l'ordre de me fermer dans ma chambre, et appelle un domestique. — Je lui dis : « Je n'ai pas besoin de gendarmes, je connais ma chambre, et j'y irai bien seule ; mais j'ai de l'ame, et ne souffrirai jamais la servitude sans me plaindre. Vous auriez un bûcher allumé, et me diriez : « Madame, dites encore une parole et je vous fais brûler. » Je vous répondrais : « Vous êtes un scélérat! actuellement mettez-moi sur votre bûcher », et j'allai fièrement me promener dans son bois.

Comme il n'y avait pas encore d'ordre du gouvernement pour empêcher de fermer une personne qui n'est pas folle, alors monsieur Faivre vit que j'étais un être qu'il fallait, pour le garder, prendre par la douceur, et non avec violence ; et le lendemain de cette altercation, il me dit : « Ecoutez, Madame Sophie, pour savoir si votre mari a tort ou raison, il faut que je vous éprouve. Ainsi donc vous nous avez dit vos griefs, j'exige que vous n'en parliez pas de neuf jours. Faites tout ce que vous voudrez : jouez aux dames, au trictrac, aux échecs, à la boule même, parce qu'il vous faut de la distraction. » — Le dixième jour, il vint à moi en me tendant la main, et me dit : « Je vous prends sous ma protection, parce que j'ai cherché à m'assurer si vous aviez bien votre tête ; j'en suis convaincu, parce qu'une folle n'aurait pas resté ce laps de temps sans parler de ce qui l'affecte. Mais prenez patience, vu que votre mari a dit que vous restez deux ou trois mois tranquille ; il faut donc passer cette époque chez moi, pour lui prouver qu'il a tort. » — Je me résignai à mon malheureux sort, je mis mes chagrins derrière l'épaule, et je redevins dans mon naturel, puisque, depuis le plus élevé jusqu'au plus humble dans la maison, tous me chérissaient.

Quand on a perdu tout ce qui imposait à la multitude, on se voit encore, dans son infortune, le jouet de tout ce qu'il y a de plus lâche et de plus méprisable.

Je porte mes regards autour de moi, tout est solitude ; rien ne peut m'inspirer de désir ; tout augmente ma vague inquiétude : pour un cœur vide, il n'est point de plaisir.

Que l'attente est un état pénible ! et malheureusement elle est inévitable : qui pourrait s'y soustraire ? un être heureux ? où est-il ? montrez-le moi, que je le voie aujourd'hui ; car demain le bonheur l'aura quitté, ou il ne sera plus.

J'aurais désiré pour ma famille et pour monsieur Michal qu'il se fût contenté d'une séparation volontaire ; car il est répugnant de faire retentir les tribunaux de ses plaintes. Les gens qui m'ont enlevé son attachement, son estime, sa confiance, ne l'aiment pas ; car la fâcheuse impression que produira cette affreuse affaire, sera partagée.

J'ai cru devoir vous confier mes chagrins, espérant que vous daignerez employer tous les moyens convenables pour ouvrir les yeux de celui que je n'ai cessé d'estimer tant qu'il en a été digne, pour lui découvrir les suites funestes de l'éclat qu'il projette, et le détourner de sa fatale résolution.

Tels sont, Monsieur, les sentiments qui rappellent le souvenir dans le cœur de celle que le temps n'a pu changer, que le malheur n'a point fatiguée, et que l'injustice n'a pas abattue.

Je ne vous demande, Monsieur, qu'une grâce : c'est de me lire et de m'entendre avant de me juger ; d'être mon défenseur avant de devenir mon accusateur. Cette prière n'est pas d'une téméraire confiance ; vous en jugerez quand vous connaîtrez tous mes malheurs.

Je m'arrête pour aujourd'hui, craignant de fatiguer votre patience par une trop longue lecture ; mais, en attendant la fin de mon mémoire, puis-je espérer de votre protection une entrevue ? ou, si cette demande ne vous convient pas, veuillez m'envoyer un juge qui m'interrogera, qui, par son intégrité, rétablira la réputation d'une mère affligée, d'une épouse malheureuse.

Tels sont, Monsieur, les sentiments d'une conscience pure et qui vous devra l'honneur de ses petits-enfants ; hélas ! c'est ce que nous avons de plus cher ! Vous n'ignorez pas, Monsieur, que la folie est héréditaire ; pourquoi laisserais-je planer sur la tête de mes petits-fils, de ces pauvres victimes de l'ambition, de l'envie, de la jalousie, une pareille imposture ? Si la calomnie ne portait que sur moi, je renfermerais peut-être encore mes chagrins dans le sein de la Providence ; mais une quatrième récidive ! O Monsieur ! Dieu nous dit : AIDE-TOI, JE T'AIDERAI ; j'ose alors me flatter que vous deviendrez mon défenseur.

Agréez, Monsieur, d'avance la gratitude de celle qui vous devra plus que la vie en lui rétablissant sa réputation.

Recevez les marques dues à votre intégrité.

Sophie Michal, née Pascal.

A Monsieur Leuillon de Thorigny.

Quatrième Expédition.

Du 15 mai 1857.

MONSIEUR,

Je reprends ma triste narration.

Monsieur Michal, depuis ma troisième incarcération chez monsieur Faivre, 6 juillet 1836, fit à cette époque plusieurs voyages à Lyon ; il allait chez monsieur

16

Faivre à la ville, mais refusait obstinément de me voir, s'excusant sur mon ascendant, sur ce qu'il ne pourrait supporter ma vue sans émotion ; ce qu'il voulait éviter, ayant juré que je passerais l'année en réclusion. Il disait que si monsieur Faivre ne voulait pas me garder, on lui avait parlé d'une maison à Genève, qu'il m'y fermerait. Monsieur Faivre m'en prévint avant de sortir, en me conseillant de me tenir sur mes gardes, et de me méfier de Genève. Il recommanda à mon mari de m'éviter les contrariétés, lui disant : « Elle resterait dix ans chez moi, qu'elle se porterait bien, parce qu'elle n'éprouve point de vexation. » Observations inutiles.

En arrivant à Grenoble, le 26 octobre 1836, on me donna de suite une surveillante, et monsieur Michal l'exigea en me disant qu'il ne me rendrait sa confiance, son estime et son attachement qu'à cette condition : de rester dans une très petite chambre fort sombre, ayant une alcôve à deux lits : l'un pour lui, l'autre pour moi ; de ne me mêler de rien que de boire, manger et dormir, s'il était possible. J'ai donc passé jusqu'au 10 janvier, qu'il a été forcé de se rendre à Lyon, où il n'a séjourné que huit jours, du feu au lit, du lit à la table, et de là au lit, sans faire le moindre exercice. Je profitai de son départ pour voir les personnes qui étaient venues me distraire dans ma solitude. J'avais écrit ma triste situation à monsieur Faivre. Revenue à Grenoble, monsieur Michal me dit que monsieur Faivre, soi-disant, l'avait blâmé vertement sur la contrainte qu'il exerçait contre moi.

Hélas ! Monsieur, sa rage redoubla devant ma patience, ma résignation. Dès cet instant il a poussé l'inhumanité jusqu'à me fermer à minuit dans ma chambre, et à demander à sa domestique une corde pour m'attacher. Dans mon désespoir, j'ai crié *au secours !* Il m'a lâchée, de peur que les voisins ne m'entendissent, parce qu'il ne veut pas que sa conduite soit connue. Il a l'hypocrisie de dire à tout le monde : « J'aime toujours ma femme ; mais voilà plusieurs années qu'elle est folle : j'ai été obligé de la faire fermer trois fois. Je vise au moyen d'y parvenir une quatrième, voulant à tout prix lui rendre la santé. » Les domestiques, les ouvriers, ils les préviennent en secret : « N'écoutez pas ma femme, elle est folle, etc. »

Quelle horreur ! La position qui offre le plus d'intérêt, parce que, selon moi, c'est la plus terrible ! eh bien ! Monsieur, dans ce siècle d'égoïsme, de manque d'humanité, on bafoue, on se moque des malheureux qui ont perdu la tête ; de sorte que mes subalternes, mal intentionnés, profitant de sa stupide conduite, le volaient, me rédiculisaient, m'insultaient, lorsque je leur faisais des observations; cherchaient à aigrir monsieur Michal contre moi par de faux rapports, dans l'espoir de le porter à me faire disparaître, afin de piller tout à leur aise. Il laissait tout à l'abandon en mon absence, ne leur faisant jamais rendre de compte, ne sachant pas le contenu de son mobilier ni de sa garde-robe, encore moins de la mienne, au point, Monsieur, que je ne donnerais pas pour trois mille francs les dégâts en vols, en négligences, en abandon; tandis que ma présence ramène l'ordre... Eh! voilà cette femme que l'on calomnie!

Mais, Monsieur, il faut le prouver; et vous voyez que pour éviter la confusion, il commence par me fermer; il étouffe par ce moyen infernal mes cris, mes plaintes, mes justifications; et, pour comble d'infamie, il dit à tout le monde : «Ma femme est à Lyon pour sa santé; elle prétend que l'air de Grenoble ne lui convient plus; elle est chez elle, s'amuse, et ne veut pas revenir »; tandis que je gémis sous les verrous, confondue avec des fous, traitée comme eux. — A d'autres qui savent que je suis dans une maison de santé : «Ma femme, par amour-propre, exige que je dise qu'elle est dans son ménage, à Lyon; mais j'ai été forcé, malgré moi, de la mettre dans de telles maisons, pour qu'on lui fasse prendre des remèdes par force; puisqu'elle ne veut point en prendre volontairement; et sa maladie devenait si sérieuse, que je craignais pour ses jours. Je donnerais la moitié de ma fortune pour lui rendre la raison. Je l'aime toujours; mais il n'y a plus moyen d'habiter avec elle : ses enfants, les domestiques et moi sommes tous pris à tic. » Horrible prétexte pour me jeter dans une mort prématurée.

Privée de la présence de tout ce qui m'est cher! le spectacle toujours sous les yeux de personnes souffrantes, malheureuses et aliénées, me perce sans cesse le cœur, excite ma sensibilité; l'humiliation de me voir continuellement traduite de force dans ces séjours de douleur, et en présence des personnes qui conspirent ma perte, me fait éprouver des révolutions telles, que, sans ma résignation à la volonté de Dieu, je succomberais à l'instant; car mon sang se porte tout à la tête. Je pourrais devenir folle, si je n'appelais à mon aide cette Providence en qui j'ai une entière confiance. Mon éducation, mon esprit, mes vertus et mes principes religieux me font espérer qu'un jour ce Dieu de bonté se lassera de m'éprouver ou de me punir.

Combien est bizarre la destinée des hommes. Oh! mille fois heureux ceux qui naissent dans une condition obscure : ils passent leur vie en échappant aux regards des autres; mais ceux qui sourient aux caresses de la fortune, savent-ils toujours se soumettre à ses rigueurs?

L'artisan commence la journée en chantant, et la termine sans regret; tous les jours il mange un pain acheté par un travail pénible, mais il goûte un sommeil paisible.

La terre qui nous voit naître est toujours celle que nous préérons. Le sage dit: « On doit vivre partout. » D'accord; mais ce charme est attaché au climat où notre ame s'ouvrit au premier sentiment du plaisir et même de la douleur. Cet attrait invincible qui nous porte avec un mouvement si beau vers les objets qui ont frappé nos premiers regards, ce n'est point dans notre imagination que tout cela prend sa source!!!

Aimer est un besoin pour moi; soulager l'infortune est ma vertu favorite. Se contenter de son état, quel qu'il soit, vivre sans ambition et sans désirs, se reposer de tout sur la Providence, c'est la véritable source du bonheur, celle qui manque à tous les hommes, parce que l'envie vient toujours nous troubler, hélas! Je détestais les ingrats et j'aimais la reconnaissance, de quoi m'ont préservé mon goût pour l'une et mon horreur pour les autres. Mon cœur trop vrai ne connut jamais l'imposture.

Le moment où l'homme se livre à la joie, est souvent celui qui précède immédiatement le malheur qu'il redoute le moins. On devrait donc sans cesse préparer son cœur à soutenir le poids de l'infortune; mais comment aurais-je pu deviner toutes les espèces de catastrophes que me préparait l'avenir? Mon ame, naturellement sensible, bonne, ne pouvait penser que l'injustice me ferait boire à longs traits le calice de l'ingratitude; de la douleur, et que je sentirais de bonne heure l'atteinte des épines de la vie. J'ignorais aussi qu'une pente naturelle et invincible nous reporte et nous entraîne vers les êtres qui deviennent les arbitres souverains de nos destinées.

Tout est donc fini pour moi; il n'est plus temps de m'abuser, je le vois, je n'ai plus rien à espérer: tout dans la nature s'arme contre ma faiblesse. La philosophie, que j'appelle à mon secours, calme mon esprit; mais mon cœur seul n'en reçoit aucun soulagement.

O vous qui, dans le cours d'une vie agitée, avez vu le frêle esquif qui portait votre espoir, près de s'engloutir dans les abymes du malheur, vous seul connaissez le prix du calme après la tempête.

« En entrant dans le monde on en est enivré,
« Au plus frivole accueil on se croit adoré ;
« On prend pour des amis de simples connaissances.....
« Hélas ! quels repentirs suivent ces imprudences ! »

L'expérience me l'a bien prouvé. Je disais aux personnes qui paraissaient me protéger : « Nous ne pouvons plus nous entendre, ni mon mari, ni moi ; les choses en sont venues au point, que je n'ai plus pour lui ni attachement, ni estime, ni confiance ; nous vivrons ensemble et séparés par la pensée ; les rêves de mon cœur sensible ne seront jamais en harmonie avec les siens ; il aura toujours recours au mensonge, à la calomnie, à la ruse, à l'hypocrisie. La dissimulation, dont j'ai fait l'épreuve dangereuse, me sera commandée pour le monde : il faudra lui cacher mes pensées, mes désirs, mes actions, comme par le passé ; je deviendrai à peu près étrangère pour lui, et à son tour il sera bien embarrassé, lorsqu'il se trouvera placé entre l'alternative cruelle de trahir ses promesses, ou de les remplir dans une éternelle contrainte ! il sera malheureux ; et il finira toujours par me supposer des torts, pour me rendre la dupe de ses artifices. Monsieur Michal me disait sans cesse :

« Sophie, si tu divulgues ce qui se passe dans notre intérieur, je m'en vengerai. On ne doit jamais en entretenir le public. » Hélas ! j'ai supporté mes malheurs avec courage, en silence : ce n'est que lorsque mon existence a été compromise, que l'instinct de la conservation m'a fait chercher des appuis ; et je n'ai rencontré qu'égoïsme !

Je ne tardai pas à acquérir la certitude que les nœuds de mon triste hymen étaient formés par la main du malheur ; cependant je me berçai d'espérances en comptant sur moi.

L'espèce de repos dont je jouissais n'était qu'une illusion : je devais épuiser la coupe de l'infortune ; tel est apparemment l'arrêt du destin.

J'aimais beaucoup la lecture, et les bons auteurs me plaisaient infiniment. En lisant leurs ouvrages, je me perfectionnais, ainsi que le goût et les lumières qui me manquaient. C'était ainsi que je profitais de l'espèce d'isolement où j'étais, pour achever de m'instruire ; j'acquérais des connaissances qui par la suite me sont devenues précieuses.

L'éducation entière de mes filles me fit supporter avec courage les fréquentes injustices dont j'étais la victime, et que j'attribuais à quelques malheurs particuliers ; j'étais loin d'en pénétrer les véritables causes ; hélas ! j'avais trop présumé de mes forces et de mon ascendant.

Mon cœur avait besoin d'aimer ; j'y rapportais mes plus chères pensées : mon époux et mes enfants étaient tout pour moi. Mon intérieur en apparence semblait heureux.

Je manquais alors de l'expérience nécessaire pour deviner les projets de mon époux ; aussi je ne tardai pas à en devenir la triste victime.

Je n'étais pas parvenue au faîte du malheur ; un nouveau, un plus terrible est venu fondre sur moi. Le sort qui m'attend, je le vois, est le fruit d'une infame trahison, qui va faire planer sur moi une injuste accusation. Le temps dévoilera ce qui couvre encore ce mystère impénétrable ! Durant quelques mois ma patience, ma résignation, ma persévérance dans ses exigences, mon imagination ardente m'inspirait l'idée que mon époux me rendrait sa confiance ; mais je ne tardai pas à renoncer à cette douce illusion ! Hélas !

« D'un sexe infortuné les armes sont les pleurs. »

Dans l'IMITATION DE JÉSUS-CHRIST il est dit : « Mon fils, jetez-vous avec con-
« fiance dans les bras du Seigneur, et ne craignez point le jugement des hommes,
« lorsque votre conscience vous rend témoignage de votre piété et de votre inno-
« cence. »

Hélas ! ma famille est injuste et cruelle envers moi ; la religion seule m'a donné le courage de supporter les effets de leur monstrueuse inhumanité. J'étais tombée dans une espèce de léthargie provoquée par des remèdes donnés en secret, mes yeux ne s'ouvraient plus à la lumière ; cependant j'entendais tout ce qui se disait auprès de moi. Si je n'eusse été soutenue par ma ferveur, j'aurais déjà succombé mille fois sous le fardeau de mes peines : vainement je m'efforce de combattre les émotions de mon cœur ; je n'ai point d'armes assez fortes pour les vaincre ! Infortunée épouse et mère !

Je me sentais atteinte et frappée de tous les traits de la destruction ; mon sang se retirait précipitamment vers mon cœur ; le nuage de la mort se répandait sur ma vue ; je me sentais entraînée, une sueur froide, le cœur mourant, les ombes chancelantes, etc.... Mais comme j'étais toujours confiante en la céleste espérance, la Providence m'indiquait les moyens de conserver mon existence.

La contrainte ici la plus pénible pour moi est de trahir mes sentiments ; la plainte dans cette maison est un crime irrémissible : aussi chaque instant est un supplice au dessus de mes forces. Ma santé, déja détruite par mes longues souffrances morales et physiques, s'use insensiblement. Encore une année passée dans cette maison, on me trouvera peut-être expirante.... L'égoïsme, l'indifférence, l'ambition auront creusé ma tombe ; et voilà le siècle !

On se dit des principes religieux !... O grand Dieu ! comme on abuse de ta doctrine : *Faisons aux autres ce que nous voudrions qu'il nous fût fait.* Mais j'aurai la satisfaction d'emporter dans l'autre monde un corps aussi pur qu'il l'était dans les jours de mon enfance. J'invoque le Dieu fort, le Dieu juste, mais non le Dieu des vengeances. Hélas ! c'est une victime de plus sacrifiée à l'erreur, à l'égoïsme, à l'amour-propre, à l'ambition.

Par les combinaisons de ma famille, on me sortit de chez Faivre le 25 octobre 1836.

Arrivée à Grenoble, je reçu des visites. Les uns m'observaient, étudiaient mes moindres discours ; les autres s'épuisaient en questions indiscrètes, affectaient de me féliciter sur ce qu'ils appelaient mon triomphe, mais pas un ami ! J'avais cette paix intérieure sans laquelle le bonheur est impossible, et une rêverie habituelle entretenait la source de mes chagrins.

N'ayant aucune distraction que mes argus ! la douleur depuis long-temps avait opéré une altération dans ma santé et dans les facultés de mon ame. Je me regardais comme une épouse et mère bien malheureuse. Sans la flatteuse espérance dans la protection de Dieu, notre grand maître, et sans ma résignation au décret de la Providence, j'aurais infailliblement succombé sous le poids de la mélancolie, vu la vie sédentaire, la privation de toute occupation, la monotonie du séjour, sa tristesse, et les injures dont j'étais sans cesse abreuvée.

Il m'était défendu d'accepter les offres obligeantes de distraction, et ces personnes me faisaient des reproches sur le parti que j'avais pris de me séquestrer ainsi du monde, que c'était contraire à la délicatesse de mes nerfs ; et je ne pouvais répondre que négativement, puisqu'il m'était enjoint de nier la vérité. Lassée de tant d'épreuves inutiles, j'ai soulagé mon cœur à de faux amis qui étaient témoins du triste état de ma santé ; et ils répétaient mes plaintes secrètes à mes ennemis, qui se sont vengés en me refermant le 25 avril 1837.

Il est dit : « Ce sont toujours les hommes du parti le plus fort qui accueillent les faux dénonciateurs. » Il faut avoir abdiqué tout sentiment de dignité, il faut s'être laissé imposer des conditions bien dures, il faut avoir cuirassé son ame, pour venir prêcher contre ce qu'on a prêché avec emphase, démentir ce qu'on a fait et dit dans le passé.

La pensée n'est donc plus libre en France ? ni la défense ? point de protection pour le malheur..... Il y a donc toujours des entraves qui bâillonne la pensée......
Vous laissez la liberté d'attaquer, laissez donc celle de se défendre ; laissez donc la pensée libre, et la parole sans crainte ?...

Eh ! où en serions-nous, si tous ceux que l'ambition entraîne, que la soif de l'or déshonore, pouvaient publiquement étaler une hideuse corruption ? Quel peuple serait donc celui qui permettrait à tous les traîtres de lever fièrement la tête et de brandir leur épée contre ceux qu'ils ont trahis ? Avec quelle pitié ne devrait-on pas regarder une nation qui applaudirait un homme à double face, sans principe, soldé tour-à-tour par les deux partis, favorisant même l'adversaire, et déployant à chacun le mobile talent de sa stupide fausseté ?

Mais non : heureusement la France n'est pas aussi injuste.

Lorsque monsieur Michal projette quelque nouvelle persécution ou incarcération, pour détourner ma méfiance, il est comme le chat qui guette une souris : il plaisante avec moi, a plus d'aménité, s'épanche avec plus d'abandon et de laisser-aller plus que jamais ; il soulage son cœur des passions et des haines qui le remplissent !

Vous trouverez, n'est-ce pas ? que c'est là juger sur de simples idées. — C'est que je suis payée pour être méfiante : par les ruses de mon mari, l'astuce de mes enfants, l'ingratitude de mes frères, les procédés infames de mes gendres, et l'abandon, je dis plus, la traîtrise de faux amis... Voilà la franchise du siècle des lumières, la loyauté et la reconnaissance de la France moderne.

Relativement à monsieur Michal, l'étonnement suivait toujours ces démonstrations extraordinaires, et éveillait ma méfiance, étant de longue main habituée à connaître ses roueries, qui tendaient à m'en imposer sur ses nouveaux crimes ; et pour en avoir le cœur net, aimant mieux la certitude (car, selon moi, l'appréhension est pire que le mal), je cherchais à découvrir la vérité. Pour parvenir à leur but, mes persécuteurs employaient des ouvriers, des domestiques, des mercenaires, qui sont gorgés de mes libéralités ; étant gênée par la parcimonie de

monsieur Michal, je me privais souvent du nécessaire, pour sortir de la misère
ceux qu'on employait pour me surveiller : je le connaissais à leur rougeur et à
leur trouble, à leur silence, ou à l'impertinence de leurs réponses à mes questions.

Le lecteur désintéressé trouvera dans mes mémoires une méditation sérieuse,
et non la satisfaction passagère d'avoir lu une heure agréablement.

Je proteste en toute confiance que j'ai vu et supporté les vices de mon siècle.
Or, le vice n'est pas une chose où l'honnête homme trouve le mot pour rire.
J'ai abordé ma tâche avec une ame sincèrement affligée, avec l'amour du bien.
Mon langage est celui d'un cœur pur, celui de la vertu persécutée par le vice.
J'ai pour le mal plus de pitié que de haine ; ma colère s'exale sans aigreur, mon
indignation sans envie et sans fiel ; bienveillante jusqu'à l'abnégation, je ne me
plains que pour corriger.

« Tu as senti, dit un auteur, le besoin de déchirer la loi pour y substituer la
justice. »

La critique est un espion, qui trop souvent dénonce l'homme probe, et ménage
le coquin.

J'aime avant tout la vérité, et je n'aurai jamais le honteux courage de laisser
parler l'esprit au préjudice du cœur.

J'agis par amour de l'humanité, non en haine de quelques misérables qui la
déshonorent, et dont je déplore la honte ; mais mon cœur est mû par l'ascendant
impérieux de la raison, entraîné par un besoin irrésistible de justice. Ce qui
m'effraie surtout, c'est ce monopole absurde et immoral de l'argent, c'est ce
système corrupteur qui en fait un pivot universel, c'est cette puissance magique
et pernicieuse qui sue par tous les pores.

Mes ennemis se trompent : la violence de leurs mesures ne m'intimide pas plus
que leurs ruses ne m'ont dupée.

Si la tombe ensevelit les ressentiments, elle n'endort pas l'inexorable histoire : ils sentiront peut-être un jour davantage, et bien durement sans doute, à
l'heure de la justice, que ce métal ne peut tenir lieu de tout ce qu'il y a de sacré
au monde, et ne peut remplacer l'honneur.

Tant que, forte de mes droits, je repousserai par la force les violences illégales,
on se croira autorisé à se jouer impunément de ma liberté et de ma vie. L'énergie

des victimes peut seule rappeler à la pudeur et à la loi ceux qui les violent aussi effrontément. La publicité m'aidera, peut-être coopérera à me faire rendre justice de tant de déraisons et de cruautés.

Sans devoir, qu'est-ce que l'homme ? une espèce de monstre isolé, dépourvu de liens, de relations sympathiques, retiré en lui-même comme la bête de proie dans son antre, et vivant là d'une vie solitaire, morne, aveugle, n'en sortant que poussé par la faim, dormant quand il est repu.

Sans droit, sans loi, sans justice, sans humanité, sans amour-propre et sans principes religieux, en un mot, sans équité, qu'est-ce que l'homme ?

Il est toujours des ambitieux secrets tout prêts à renverser l'édifice moral des gens de bien. Je pense que celui qui a peur d'être trompé, ne peut jamais être assez sur ses gardes ; car, c'est souvent lorsqu'il y est le plus, qu'il se laisse deviner ou abuser.

Souvent le sentiment de la reconnaissance remplace dans le cœur celui de l'amitié.

> « Écoutez la pitié, secourez vos égaux ;
> « Ajoutez à vos biens en soulageant leurs maux. »

> « Je connais les hommes : dans le malheur amis,

quand ils ont besoin de nous ;

> « Ingrats dans la fortune et bientôt ennemis »,

quand ils n'ont plus besoin de nous : la reconnaissance est à charge.

> « Nous sommes de leur gloire un instrument servile,
> « Rejeté par dédain dès qu'il est inutile,
> « Et brisé sans pitié s'il devient trop vieux. »

L'ambition et l'envie sont deux passions bien dangereuses. Quand je sonde ma conscience pour trouver un prétexte aux maux dont on m'accable, je ne trouve rien : j'ai toujours été sévère envers moi-même, indulgente sur les défauts d'autrui, attentive et régulière dans mes devoirs, patiente dans le malheur, toujours disposée à m'édifier et à profiter du mérite, toujours contente de tout, incapable de bassesse, de plaintes injustes, toujours prête à pardonner, même à ceux qui me font beaucoup de mal ; sans cesse disposée à croire au repentir de mes lâches oppresseurs! Hélas! l'aveugle fortune m'a délaissée; la trahison, la révolte, la méchanceté me retiennent captive.

Comme je l'ai dit ci-dessus, ces passions sont capables de détruire les meilleures inclinations, et de porter ceux qu'elles dominent aux plus affreux excès.

La confiance sans réserve est le seul aliment qui soutienne l'amitié; elle est indispensable : sans elle la vie n'est que chagrins et devient insupportable.

Un grand défaut de monsieur Michal, c'est de commercer et d'écouter les dénonciations mensongères des subalternes, qui profitent de ce manque de délicatesse pour en venir à leur but d'ambition, en le flattant et lui fascinant aussi les yeux sur leurs rapines.

Je ne dissimule pas que, pour faire diversion à mes malheurs, je cherchais des distractions. Les plaisirs du monde prennent peu à peu de l'empire sur l'ame la plus forte, peuvent troubler la tête la plus sage; mais j'en prenais très rarement, et, à soixante ans, quand ma tâche d'épouse et de mère était bien remplie, et cela, pour me distraire de mes chagrins, et éviter de m'abandonner à ma douleur, ce qui détruirait ma santé et abrégerait mon existence.

Tout est triste autour de moi; les cœurs froids, les cœurs insensibles paraissent peu touchés; ils entendent mes plaintes avec indifférence; ils ignorent combien sont durables les affections de l'amitié. Mais moi, qui connais ce doux sentiment, qui l'éprouve encore, qui ai tout perdu, je reste accablée du mal présent et de l'image effrayante de l'avenir. J'avouerai cependant que je conserve au fond du cœur un peu d'espérance, effet de ma confiance en l'Être-Suprême.

Ne me parlez pas de ces maisons infames où le mari met sa femme sous les verrous, pour vivre avec des concubines, et souvent avec sa servante; dans ce but, le fils trahit sa mère, et la sœur est trahie par son frère.

Ne me parlez plus d'amis, de liens, plus de mari, plus d'enfants, plus de parents, plus de concitoyens, tout m'abandonne..... Mais Dieu est plus miséricordieux que les hommes : il sait pardonner une offense, faire grace au repentir, et faire triompher la vertu.

La plus funeste ivraie et quantité d'herbes inutiles étouffent souvent dans nos sillons la belle orge que nous y avons semée : j'ai passé vingt ans de ma vie à faire germer les vertus dans le cœur de ma famille; mes peines ont été inutiles, le siècle des lumières a gâté mon ouvrage.

Je crois, Monsieur, vous avoir assez fait connaître mes principes, mon caractère, mon intelligence, mon esprit, mon érudition, ma mémoire, pour que vous preniez ma demande en considération, et me rendiez le service de m'envoyer un juge intègre pour s'aboucher avec moi, m'interroger, et me faire rendre justice. Vous avez dû voir par tous les détails que je vous ai donnés sur ma conduite et sur celle de mes adversaires, que c'est, à mon égard, *sans ostentation*, la vertu persécutée par le vice. J'ai donc les lois et le bon droit pour moi.

J'ose me flatter, Monsieur, que vous y aurez égard, et serez mon protecteur. Je vous prie d'agréer d'avance ma gratitude et mon respect.

Sophie Michat, née Pascal.

P. S. Excusez, Monsieur, mes longues dissertations ; mais c'est pour que vous puissiez mieux juger du calme de mon esprit, de sa justesse. Les fous n'ont point de mémoire ; ils divaguent sans cesse, se répètent.

Monsieur Faivre m'a donné sa parole d'honneur qu'il vous remettrait lui-même mes missives ; je me repose donc sur votre justice.

Monsieur Planta.

Voici une lettre de monsieur Planta, propriétaire à Fontaine, et mon voisin de campagne près de Grenoble, qui a connu mes antécédents et mes chagrins, et qui, depuis la fin de mars 1837 jusqu'au 18 avril, venait tous les jours me voir, verser des larmes sur ma triste position. Il m'emmenait dîner chez lui deux fois par semaine, afin de me distraire avec sa famille. Il m'avait prié de ne pas parler de mes malheurs devant elle, parce que cela lui ferait trop de la peine. J'ai donc dissimulé tout le temps ; la conversation ne roulait que sur des choses agréables, tandis que mon cœur était oppressé de ma triste position.

Je n'étais donc pas aliénée, puisque les fous ne peuvent se contraindre.

Ce fut à cette époque que mon fils m'emmena à Lyon, *soi-disant*, pour

une émeute ; et je fus fermée chez monsieur Faivre le 25 avril, même année
que je fus enlevée de chez moi par deux gendarmes.

C'était ce même monsieur qui me guidait dans mes travaux de réparation
et de plantation exécutés dans mon clos, que monsieur Michal avait laissé
dépérir en mon absence. Avant de partir, je payai et réglai mes comptes en
présence de mon fils ; c'est de son écriture, et c'était lui qui donnait l'argent ;
je remis ces comptes entre les mains de monsieur Planta, qui prouvera que
le total n'excédait pas la somme de quatre cents francs. J'avais remplacé cent
arbres, douze orangers, cinq cents pattes d'asperges, cent pieds d'artichauts,
toutes les bordures, etc. ; je payai les manœuvres et toutes les provisions de
bouche pendant un mois qu'ont duré les travaux, et le tout sur les quatre
cents francs. De plus, j'ai fait pour cent francs de fumier : j'en appelle au
témoignage des ouvriers qui ont fait l'ouvrage.

Aussitôt après mon incarcération chez monsieur Faivre, j'écrivis à ce
monsieur pour le prier de s'aboucher avec mon mari et son fils, afin de plaider
ma cause, et de leur inspirer des sentiments humains à mon égard, vu que
monsieur Michal avait écrit à monsieur Faivre que j'avais dépensé quinze
cents francs ; et l'on voit que cela n'excède pas quatre cents francs ; et de
plus, j'ai fait transporter quarante tombereaux de gravier, à deux francs le
tombereau.

Voici la réponse de monsieur Planta (*).

« Fontaine, le 4 mai 1857.

« MADAME ET BONNE VOISINE,

« Un rhumatisme qui me prive de l'usage du bras droit, me force à emprunter
la plume de ma fille aînée. J'avais d'abord espéré pouvoir vous répondre, moi-

(*) Cette lettre prouvera au lecteur qu'il ne faut pas compter sur de prétendus amis : il en est
qui ne le sont qu'à table.

même, ce qui m'eût semblé préférable ; mais mon indisposition s'accroissant, au lieu de diminuer, j'ai dû prendre le parti auquel je me suis attaché. D'un autre côté, j'étais bien aise de me donner le temps de réfléchir sur ce qui était le plus convenable en cette circonstance. Le résultat de ces réflexions, c'est qu'il est impossible que je fasse ce que vous désirez de moi.

Depuis long-temps les circonstances politiques et autres ont fait que messieurs votre mari et votre fils se sont tenus à l'écart de moi. Je crois bien qu'ils me conservent le même degré d'estime et d'intérêt que je leur porte ; mais il y a loin de là à la liaison intime qui seule aurait pu m'autoriser à leur présenter quelques observations sur ce qui vous concerne. J'ai lieu de croire qu'ils trouveraient fort mauvais que je cherchasse le moins du monde à m'immiscer dans leurs affaires de famille. Je sais qu'à leur place j'en ferais tout autant.

Ainsi, Madame et bonne voisine, ne comptez pas sur moi en cette occasion ; où mon secours, j'en suis persuadé, vous serait plus nuisible qu'utile ; mais comptez d'abord sur Dieu, qui ne vous abandonnera point, si vous-même ne l'abandonnez pas. Comptez ensuite sur la justice humaine ; car les lois qui régissent la position où vous vous trouvez placée sont très sages, très humaines et très protectrices. Comptez aussi beaucoup sur tout ce qu'il y a d'honnête et de tendre, comme de circonspect et de sage.

Vous avez été, Madame, une épouse fidèle, une mère dévouée, une voisine bonne et aimable pour nous comme pour d'autres ; et, pour tous les infortunés de ce village, une ame généreuse et charitable, s'il en fut.

A tous ces titres, vous avez droit à l'estime, au respect et au tendre intérêt de tous ceux qui vous connaissent ; votre situation les touche. Le jugement fait toujours très bien ses fonctions chez vous ; employez donc tout ce que vous avez d'intelligence et de force d'ame ; appelez à votre secours la prière, demandez à Dieu la grace de la résignation.... Je m'arrête ; car je ne voudrais pas que ceci ressemblât trop à un sermon.

Il m'en a coûté de vous dire franchement toutes ces choses ; mais en ceci j'ai cru remplir plus fidèlement et plus utilement le rôle d'un bon voisin et d'un ami, que je ne l'eusse pu faire en m'acquittant des commissions que vous me donniez, et qui étaient malheureusement incompatibles de plus d'une manière avec ma position en elle-même, et vis-à-vis des vôtres. Ne vous hâtez pas de me juger, ma bonne voisine ; ne blâmez pas légèrement le parti que je prends ; prenez du temps, suivez mes conseils. Si vous vous armez d'une résolution forte, telle que la dictent à la fois la vraie piété, la raison éclairée, la connaissance du monde, l'intérêt de votre famille, et tout le système de votre bonheur présent et avenir dans cette vie comme dans l'autre, j'aurai, sous peu de mois, le plaisir de vous voir à Fontaine telle que je vous ai vue autrefois, telle qu'on vous citait avec raison comme le modèle des épouses et des mères, sage, prudente, discrète, économe, toujours occupée utilement. Alors vous reconnaîtrez que mes avis vous sont offerts par un attachement sincère, et que je n'ai pas cessé d'être.

Avec un respectueux attachement,

« Votre dévoué serviteur,

« A. PLANTA, *pour son père S. Planta.* »

Toute ma famille me charge des choses les plus affectueuses pour vous.

P. S. Les pluies répétées qui ont eu lieu depuis votre départ, doivent avoir entretenu votre jardin dans le meilleur état; s'il m'est possible d'y veiller de plus près, je le ferai de grand cœur.

sure-vous écoutie. Je vous assure d'une médiation faite, telle que la faisant
à l'idil, la voir plaire, à raison de ... la ... de ... bonheur, présent et avenir, dans cette
votre famille, et tout le système de votre bonheur, présent et avenir, dans cette
vie comme dans l'autre; j'aurai pour de trois le plaisir de vous voir à l'ap-
loin; telle que je vous souhaite; telle que on vous chérit, et on prodigue comme
le modèle des épouses et des mères, sage, prudente, discrète, économe, toujours
occupée utilement. Alors vous reconnaîtrez que pas une vous aura souffert, étant
attaché à ma sincère, et que je n'ai pas cessé d'être ...

Avec un respectueux attachement, ...

Votre dévoué serviteur,

A. BLANDA, pour son père F. Blanda.

Dans une famille on laisse à des choses les plus affectionnées pour vous, ...

9e, x. Les pluies répétées qui ont en lieu depuis votre départ, doivent avoir
entretenu votre jardin dans le meilleur état, s'il m'est possible d'y veiller de plus
près, le ferai de grand cœur.

UNE PRÉTENDUE FOLLE,

OU

LES HORREURS COMMISES PAR L'AMBITION, L'ENVIE ET LA PRÉVENTION :

MÉMOIRE

DE

MADAME SOPHIE MICHAL, NÉE PASCAL,

CONTRE

MONSIEUR MICHAL SON MARI,

Écrit par elle-même.

N°. 4, fin.

Abrégé de ma vie et de ma conduite (*).

A mes Juges.

Née en 1776, le 21 février, j'ai eu le malheur de perdre mon père à l'âge de six mois ; en sortant de nourrice, j'ai trouvé un beau-père et un frère de nouveau lit. Je ne vous parlerai, Messieurs, ni de mon enfance, ni de mon existence jusqu'à l'époque de mon mariage, car ce serait vous ennuyer d'un récit inutile à ma cause. Monsieur Michal étant mon accusateur, je ne dois vous entretenir, pour ma justification, que du passé avec lui. Je me bornerai donc à vous dire que, jusqu'en 1802, je ne me suis occupée que de mon éducation, à réunir dans ma mémoire tout ce que doit savoir une personne destinée à tenir un rang honorable dans le monde,

---

(*) Écrit en prison, et de nuit, pour que mes argus ne me le prennent pas.

18

soit pour l'utile, soit pour l'agréable; à tout perfectionner, pratiquer sans cesse, pour en conserver la théorie et être à même de transmettre mes connaissances, si c'était nécessaire.

J'ai été élevée très sévèrement, sortant peu, et presque toujours avec ma mère; menant une conduite vertueuse, remplissant les devoirs de la piété filiale.

J'ai éprouvé, pendant ma jeunesse, tous les chagrins domestiques que puisse ressentir une fille, et j'ai été en butte à toutes les horreurs de la première révolution; cependant, une éducation soignée, une heureuse gaité de caractère, unies à la bonté de cœur, à la vivacité d'imagination, m'ont aidé à supporter les vicissitudes de la vie.

Mariée en 1802, le 16 août, je m'occupai de suite à connaître tous les devoirs que j'avais à remplir dans ma nouvelle position, et je pris la ferme résolution de m'en acquitter avec zèle.

Puisque c'était un mariage de convenance, et que je ne connaissais pas mon époux, je commençai par étudier son caractère, ses goûts, ses habitudes, afin de lui complaire. Je puis vous assurer, Messieurs, sans présomption, que j'ai fait ma tâche d'une manière exemplaire : j'en appelle au témoignage de mon mari et des Grenoblois.

Je partageai mon temps à prodiguer les soins les plus tendres et les plus affectueux aux auteurs de ses jours, et à exercer les occupations du ménage avec ordre, économie, un travail assidu, et j'employais mes loisirs à récréer monsieur Michal par des talents d'agrément. Je ne sortais qu'avec ma belle-mère, et n'avais de société que la sienne.

J'ai eu, en six années, cinq enfants (*) ; quoique ma santé fût devenue bien délicate et que j'eusse eu de mauvaises couches très rapprochées, je retirais mes enfants de nourrice à un an, et je me consacrais à eux sans retarder mes autres travaux; aussi, je passais la moitié des nuits pour ne rien négliger.

Je commençai leur éducation aussitôt qu'ils purent me comprendre. Mon fils fut instruit par moi jusqu'à dix ans, époque où il fut livré à des professeurs. J'avais perdu une petite fille; il m'en restait trois, et je leur ai appris à lire, à écrire; je leur enseignais la grammaire, les principes religieux, la géographie, le calcul en

(*) Quatre filles et un garçon.

grand, la tenue des livres, la mythologie, l'astronomie, l'histoire, la danse, le piano, la musique vocale et tous les ouvrages manuels essentiels à l'éducation d'une femme. Toujours levée à cinq heures du matin, je ne prenais de repos qu'à dix heures du soir, hiver comme été, malgré l'inégalité des saisons.

Je leur montrais comment il faut gouverner un ménage, et leur enseignais les usages du monde; enfin, pendant les vingt-cinq ans de leur enfance ou de leur adolescence, elles n'ont jamais eu d'autre maître que moi. En un mot, je n'ai cessé ma maternelle surveillance qu'au moment qu'elles ont reçu la bénédiction nuptiale.

Si j'ai été assez heureuse pour réussir à en faire des filles accomplies du côté de l'esprit pour leur bonheur dans l'état du mariage, je ne puis en dire autant du côté du cœur pour la piété filiale envers leur mère..... Quelle déception! Voilà la récompense de ma vigilante sollicitude, de mes peines d'esprit et de corps, de mes veilles et de mes privations. Cette ingratitude est le fruit de l'insubordination dont est imbu l'orgueilleux siècle des lumières, et plus encore de la faiblesse de caractère de mon mari, qui, loin de me seconder par une simple approbation, ne savait que contrarier mes faibles efforts, même en leur présence; et il paralysait ainsi tout le bien que je désirais de faire germer dans leur cœur.

Souvent écrasée par la fatigue de la veille, l'esprit accablé par l'idée de cet insuccès, je n'avais pas le courage de sortir du lit; mais une douce espérance venait me ranimer, en pensant qu'avec l'âge et la raison la reconnaissance se ferait jour dans le cœur de mes filles, que, dans ma vieillesse, j'en serais chérie, et que je trouverais la récompense de mes soins dans les caresses de mes petits-enfants..... Cette espérance est restée dans la boîte de Pandore.

Monsieur Michal craint beaucoup la dépense, surtout pour ce qui me concerne. Tant que ma mère a vécu, je n'ai rien coûté à mon mari pour mon entretien, qui se confondait avec celui de mes filles; car ma mère, que je visitais une fois l'année, après leur mariage, m'ouvrait ma bourse et me tirait d'embarras. Mais depuis que je l'ai perdue, je n'ai plus de ressources; et c'est à cette époque que monsieur Michal a commencé à murmurer sur ma dépense, qui était pourtant bien médiocre : je puis vous en fournir la preuve.

Depuis que mes filles s'étaient établies, il s'était mis à spéculer sur les domaines, et me laissait faire quelques réparations d'embellissement, d'amélioration; cette marque de confiance déplut à mes enfants et gendres. Ils lui firent entrevoir qu'il me donnait trop de latitude, que je sortais de ma sphère, que je devais me borner aux soins de mon ménage, que c'était un mauvais exemple à donner à mes filles, que les maris ne le laisseraient suivre. De là une révolte contre moi, dont ma délicatesse se refuse à vous donner les détails.

Par surcroît une domestique menait une conduite scandaleuse, qui me contraignit à la renvoyer. Elle jura qu'elle s'en vengerait, et que je n'en garderais point. Elle ne se trompait pas : malgré ma bonté, ma patience et ma résignation, j'étais obligée de les congédier, ma dignité de maîtresse étant trop compromise ; tandis qu'antérieurement elles ne me quittaient que pour se marier.

En 1833, le 10 décembre, j'eus la douleur de perdre ma mère. A cette époque j'avais deux frères ; il se passa différentes choses qui me répugnaient par égard à la mémoire de la personne que la mort venait de m'enlever ; mes observations m'attirèrent la haine de mes deux frères. Permettez que je garde le silence sur ce point, à moins que vous ne désirez en connaître les motifs.

Nous revînmes à Lyon, 1834, 1er avril, pour régler les comptes de la succession, et nous nous trouvâmes à l'émeute. Un de mes frères et monsieur Michal ne prenaient aucune précaution de sûreté : il y avait dans la maison des révolutionnaires dont un avait été désigné à mon époux comme le plus mauvais sujet de Lyon (un nommé Coudrier) ; les boutiques et les portes-cochères étaient toujours ouvertes. Je pris sur moi de faire exécuter l'ordre enjoint par la police, qui comportait de tenir les boutiques fermées, ayant des ouvertures sur la cour pour communiquer avec l'intérieur de la maison. Mon frère et mon mari n'appuyèrent nullement de leur autorité le commandement que j'avais intimé ; ils méprisèrent mes observations, et me raillèrent : voilà encore des ennemis ; et c'était l'ordre de la police.

Mon époux tient beaucoup à avoir le caractère pacifique ; de sorte que, dans nos familles, s'il y a quelques commissions désagréables à remplir pour tous les subalternes, c'est moi qu'il en charge ; malgré ma répugnance, il faut obéir ; et cette condescendance à ses volontés nuit beaucoup aujourd'hui à ma cause.

Monsieur Michal a de grandes qualités ; mais ordinairement les extrêmes se touchent, et il a un terrible défaut, c'est d'être vindicatif. Il a un frère avec lequel il a été brouillé pendant nombre d'années, et dont la femme mourut dans cet intervalle. Apprenant la maladie de sa belle-sœur, je sollicitai vivement mon époux pour une réconciliation ; je ne pus rien obtenir. Ayant des principes religieux, j'étais chagrine de la voir périr sans se réconcilier avec nous ; je m'adressai à un tiers en secret, pour lui témoigner la part que je prenais à sa position. Monsieur Michal devint furieux contre moi, et me fit une réprimande amère. Peu de jours après cela, cette malheureuse mourut.

J'ai eu le malheur de perdre ma fille aînée, en couche de son premier enfant, la seule qui aimât sa mère ! C'est ainsi que l'Être-Suprême nous éprouve. La fatalité voulut encore que son mari mourût en 1834. Monsieur Michal avait aussi de l'animosité contre lui, et l'avait chassé de sa présence ; nouvelle torture pour mon cœur : voir traiter ainsi le père de mon petit-fils, qui survivait, l'époux de mon Élisa, de ma fille reconnaissante et adorée, c'était transpercer mon ame ; je ne pus supporter l'idée de le laisser mourir sans aller le voir.

Un méchant indiscret, qui demeure dans la même maison, et qui est mon gendre, Victor Margot, associé avec mon mari pour la banque, et celui qui m'a ôté la confiance et l'attachement de mon époux, par ses faux rapports, dictés par une basse envie ; ce monstre à face humaine, dis-je, l'ayant appris, en prévint mon mari, qui, dans sa fureur, me dit : « Sophie, tu m'as désobéi à la mort de ma belle-sœur, tu récidives à celle d'Eugène ! Rappelle-toi que je ne te pardonnerai jamais ces deux manques de soumission, et que je m'en vengerai. » C'était au mois de septembre ; j'ai été fermée le 7 novembre même année, et je garde au fond de mon cœur les chagrins que j'en ai essuyés dans l'intervalle et depuis jusqu'à ce jour. La rancune est bien longue et bien terrible pour deux actions qui sont plus dignes de louange que de blâme : aussi je lui répondis : « Ma religion m'y a forcée, tu m'en sauras gré plus tard. » Hélas ! comme je m'abusais !

Il est temps, Messieurs, que cette calamité cesse ; mais il est bien affligeant d'être obligée de faire connaître les torts de mon époux et de mes enfants, pour me justifier. Je garderai donc le silence jusqu'à ce que vous me mettiez dans le cas de le rompre par vos demandes ou accusations. Trente années d'une vie exemplaire, pour une défense injuste, la désobéissance est punie d'une manière révoltante.

Suite de ma Justification.

C'est toujours avec peine que je prends la plume, pour tracer ma défense contre une famille que j'ai tant aimée.

Qui m'eût dit qu'un jour je serais contrainte à être le momenclateur des chagrins qu'elle m'a causés? j'espérais les enfouir avec moi dans la tombe. Grand Dieu! protégez-moi, et pardonnez-leur, comme je le fais moi-même...

Je reprends depuis le 25 février 1835, époque où je me sauvai de chez monsieur Brun, lieu de ma première réclusion, à neuf heures du matin.

De chez monsieur Brun, j'allai chercher un asyle chez mon frère aîné, qui occupait l'appartement de ma mère depuis son décès, au second étage, rue de la Reine, 6. Il écrivit de suite à mon mari, qui arriva le 28 février.

Michal alla chercher un gîte à l'hôtel pour être libre de s'aboucher avec la famille Brun, et voir si l'on pourrait me refermer. Il m'avait écrit qu'il serait à Lyon le 1er mars; aussi ne vint-il me voir que ce jour-là, se disant très fatigué de la nuit passée en voiture. C'était huit heures du matin. Je fis l'observation qu'il était en toilette. Véritable Judas, il sait toujours déguiser la vérité, selon son habitude, par de faux prétextes. Il prit donc congé de nous, soi-disant pour aller se mettre au lit. Il resta quelques jours chez mon frère, et repartit pour Grenoble; il revint me chercher le 1er avril, et me ramena à Grenoble le 9 du même mois.

Cet intervalle de huit jours à Lyon se passa en fréquentes et violentes sommations pour me réengager dans la maison de santé de monsieur Brun, que j'avais fuie. La frayeur m'occasionna une fièvre catarrhale, et je fus bien souffrante pendant un mois. Dans cet espace de temps, je fus en butte à la haine de mon frère aîné; il avait à cette époque une de ses anciennes maîtresse, qui, sur son invitation, venait le voir chaque année, et une servante de prédilection, domestique dévouée à lui et à son argent, la même qui y est dans ce moment.

Mon frère allait se promener avec ses belles, et moi je restais au logis. J'étais à la maison, le jour, dans une étuve, et la nuit, dans une chambre sans feu, une glacière. Mon frère murmurait toute la journée, se plaignant de la dépense que je lui faisais......

Vous pouvez en juger, puisque j'étais malade, et que je payais le peu de remèdes que je prenais. Point de feu particulier, qu'au moment de me lever. Ne sachant plus que faire pour me mortifier, il me faisait suivre pas à pas dans l'appartement; et lorsqu'il sortait, on ne laissait à ma liberté que la cuisine, la chambre et l'antichambre; et les clés étaient enlevées de tous les placards. On doit penser comme ces précautions m'humiliaient; pourtant je gardais le silence.

Pendant mon séjour dans ce purgatoire, il me dit un jour, pour donner un calmant à mes maux : « Tes enfants m'ont fait l'aveu que leur éloignement pour toi venait de ce que tu as eu des préférences pour ta fille aînée », celle que j'ai perdue par une révolution que lui fit ma belle-sœur à la montée du lait, et il ne l'a pas regrettée. Pour cette raison, c'était rouvrir la plaie qu'avait faite à mon cœur la perte de cette femme vertueuse.

Jamais je n'avais montré de la préférence pour aucune : c'est ainsi qu'une mère qui connaît ses devoirs doit se conduire. Mais il est permis d'avoir dans le cœur une prédilection pour l'enfant qui le mérite. C'était la seule qui eût récompensé ma tendresse : sa piété filiale, qu'elle a manifestée à mon égard par ses soins, son respect et ses prévenances, méritait toute mon affection. Je l'ai gardée six mois malade, et mes soins assidus n'ont pu la sauver ; et au lieu de trouver des consolations dans ceux qui me restaient, je n'ai eu que froideur, indifférence et mauvais procédés, depuis seize ans que je l'ai perdue. J'ai su de son vivant qu'ils reprochaient à cet ange gardien les égards qu'il avait pour moi. Mon frère me dit encore : « Je t'ai voué une haine implacable pour la vie, et je te ferai tout le mal qui sera en mon pouvoir, parce qu'on m'a dit que c'est toi qui es l'auteur que mon mariage avec mademoiselle E*** n'a pas réussi. » — Altérée par cette calomnie, je lui répondis brusquement : « Pascal, j'ai la réputation de n'être pas intéressée, l'ayant prouvé dans beaucoup de circonstances qui doivent t'être connues ; j'ai même cherché à ton insu à te faire contracter des nœuds brillants, pourquoi me serais-je opposée à ton mariage ? »

A l'époque de ma première incarcération, j'avais une domestique qui se conduisit mal avec moi : tout le temps de mon séjour à Lyon, en prison, elle est restée à Grenoble avec mon fils et mon mari ; je fis observer à monsieur Michal, lorsque je me fus échappée de chez le Brun et réfugiée chez mon frère, qu'il était inconvenant d'avoir gardé pendant mon absence une fille jeune et belle, qui pouvait être un objet dangereux pour mon fils. Je lui démontrai encore que cette fille, ayant été maîtresse absolue une demi-année, ne pourrait se soumettre de nouveau, ce qui, en me forçant à la renvoyer, ferait jaser le public ; qu'au reste il était encore temps de la congédier avant mon retour. — Mon époux me répartit, après trois secondes de silence qu'accompagna une profonde émotion : « Je ne le ferai pas : cette mesure exciterait encore plus les soupçons ; si tu persistes dans ce projet, je ne t'emmènerai pas. » Souhaitant retourner chez moi, je cédai...

En arrivant, je fus accueillie froidement par ma famille. Ma domestique avait pris, contre ma volonté, une mise élégante; elle repoussa par des propos insolents mes observations à ce sujet. On me prévint qu'elle dit en apprenant mon arrivée : « Je connais les moyens qui ont été employés pour faire partir Madame, et je m'en servirai pour la faire en aller une fois; il vaut mieux être maîtresse que d'obéir. » Sa conduite répondit à ses paroles. Je pris patience quelque temps, mais je fus obligée de la renvoyer à la Saint-Jean. Celle qui la remplaça, également endoctrinée, fut encore plus insolente.

L'orage grondait de toute part..... Mon fils s'était brouillé avec son père pour ses dépenses; il ne mangeait plus à la maison; on eut mille peines pour les réconcilier avant la foire de Beaucaire, où allaient mon fils et mon gendre Margot. Ils en furent chassés par le choléra. En peu de mots vous connaîtrez, par un seul exemple de chacun, la manière dont j'étais traitée.

Je savais que mon fils avait envie d'une glace pour mettre dans son appartement; comme nous sommes très bien meublés à la campagne, je pouvais en enlever une sans que mon mari s'en aperçût. Je me faisais une fête de l'offrir à mon fils. Il me répondit : « F..... est-ce que j'ai besoin de cadeau? quand je voudrai avoir une glace, je l'achéterai. » Tel fut son remerciment, et cependant il la garda.

On avait nommé mon gendre et mon fils commissaires pour veiller à la propreté de notre quartier, qui est des plus maltenus; je dis à mon gendre : « Tu devrais bien, Victor, tenir la main pour faire nettoyer nos cours : cette odeur fétide me rend malade; j'ai perdu l'appétit et le sommeil. » — Il répond : « Allez à votre campagne. » — Je répondis : « Mon mari ne voudra pas quitter et il sera seul ici. — Eh f..... emmenez-le pour ce qu'il nous sert!.... Il veut toujours faire à sa tête, avec ses manières anciennes..... Si on lui fait des observations, il s'emporte..... Il nous ennuie. »

J'étais vraiment malade de voir que je tombais toujours de Carybde en Scylla. Un matin mes deux filles viennent me faire leurs adieux : l'une partait pour sa campagne, et l'autre allait passer un mois chez son beau-père. Je faisais compter ma lessive à ma nouvelle domestique, qui n'y entendait rien; et je n'avais pas la force de lui montrer; je leur dis : « Vous voyez mon ennui; cette fille n'a pas l'habitude de cet ouvrage, et moi je suis trop souffrante pour lui montrer.... Donnez-moi un jour, l'une ou l'autre, pour m'aider. — Oh! nous n'avons pas le temps! » et elles disparurent.

Monsieur Michal, un jour étant de très mauvaise humeur, me dit qu'il était obligé de venir à Lyon pour des affaires ; que si je voulais y venir, étant souffrante, l'air natal me ferait du bien. —J'eus la bêtise de mordre à l'hameçon, et je fus fermée chez monsieur Bonnet, aux bains Romains, à Saint-Just, le 16 août ; et j'y fus abandonnée comme la première fois.

Au bout de six mois, je m'échappai, le 15 février 1836, et me rendis de nouveau chez mon frère, n'ayant pas d'autre asile. Il écrivit à mon mari, qui arriva le 25, et fut logé à l'hôtel, où il resta jusqu'au 1er mars. Le 3, monsieur Michal m'emmena à l'hôtel du Midi, rue de la Barre, n'ayant pas d'appartement libre dans notre maison. Comme il avait le projet de me refermer, et qu'il ne voulait pas me replacer dans les mêmes établissements, parce que j'avais su m'y faire aimer de tout le monde, il découvrit celui de monsieur Faivre.

Six mois de séjour dans une maison remplie d'aliénés, l'abandon de tous mes proches, l'incertitude sur mon sort, tout cela avait de nouveau altéré ma santé ; et mon mari m'ayant fait l'éloge de monsieur Faivre, je me décidai à le consulter. Ce médecin me fit plusieurs visites, et parvint à me soulager ; mais en secret monsieur Michal le sollicitait de me recevoir chez lui. Il s'y refusa constamment jusqu'au 6 juillet. Monsieur et madame Faivre disaient à mon mari que je n'étais pas faite pour être avec des fous, ayant parfaitement ma tête et besoin de distraction ; que c'était une injustice à laquelle ils ne voulaient pas prendre part.

Monsieur Michal lui répéta ce qu'il avait dit à monsieur Brun et à monsieur Bonnet, qu'il ne voulait plus que j'allasse à Grenoble, qu'il était forcé d'y être pour ses affaires, et ne voulait pas me laisser seule à Lyon, de crainte que je ne me rendisse à Grenoble malgré lui ; qu'il fallait donc pour l'éviter me tenir fermée, etc. Je vous ai déjà donné ces détails.

Il était venu à Lyon, de Grenoble, plusieurs connaissances de mon mari, qui me virent telle que j'étais autrefois, avec les mêmes facultés morales : de retour dans leur patrie, elles témoignèrent à ma famille leur surprise de ce qu'on me faisait passer pour folle ; que c'était ridicule qu'on me tînt éloignée de chez moi.

Les capitalistes murmuraient des longues absences de mon mari, qui restait à Lyon depuis deux mois. Il avait eu des désagréments avec ses enfants, pendant ma détention, pour leur inconduite à son égard, et voulait les effrayer ; la peur les prit effectivement. Il fut décidé, dans l'aréopage de ma famille, que madame Olympe, ma fille, viendrait chercher son père. Tout cela était un mystère que j'ai découvert plus tard.

Un jour monsieur Michal me montra une lettre de madame Olympe, qui lui disait : « Papa, je désirerais voir ma mère, sonde-la pour t'assurer si elle voudrait me recevoir. » — Je lui dis : « Il paraît que nos enfants reconnaissent leurs torts, puisqu'ils se figurent m'indisposer par leur présence. Ils savent bien que je les aime toujours, et que je sais pardonner..... Eh bien! c'est moi qui lui répondrai. »

Je lui écrivis : « Ma fille, ta demande te fait pardonner, et ton arrivée me fera tout oublier ; pars de suite..... »

Elle arriva le 15 avril; je lui allai au devant avec son père, la pressai dans mes bras : *une mère est toujours mère.*

Mon mari avait envie de me mener à Paris et de m'y fermer. Il avait vendu, sans me consulter, les boucles d'oreilles de ma mère deux mille cinq cents francs ; elles valaient trois mille francs. Il me dit : « Je t'ai souvent promis de te mener à Paris, je t'y mènerai au printemps, nous y mangerons l'argent des boucles d'oreilles; et si Olympe consent à rester quinze jours avec toi pendant que je suis obligé de retourner à Grenoble, je la mènerai avec nous ; le voyage ne nous coûtera rien. Mais je ne veux pas que tu lui en parles avant la décision, parce que si elle refuse de te faire compagnie une quinzaine, elle ne verra pas Paris. »

Moi, toujours trop bonne, et qui savais que ma fille avait bien envie de voir la capitale, et que son mari ne lui passerait pas cette fantaisie, je me fis un plaisir de la prévenir de suite en secret. Elle parut contente et écrivit, soi-disant, à son mari, pour obtenir de rester avec moi le temps que mon mari avait fixé. Il lui répond que « la petite est bien malade et qu'il faut qu'elle reparte de suite »; et le 25 avril, elle monte en diligence avec monsieur Michal, et je reste seule à l'hôtel. Elle avait donc passé ces dix jours comblée de mes prévenances et de mes bontés. J'étais trahie : elle était venue chercher son père pour appaiser le public, qui jasait comme je vous l'ai dit ci-dessus. L'enfant se portait très bien : j'ai su toutes ces menées plus tard.

Mon fils apprenant la manière dont j'avais traité sa sœur, veut aussi faire preuve d'égard. Il arrive le 1er mai, passe quatre jours à Lyon ; je lui paie toutes ses dépenses de route, de séjour et de plaisir, et lui redonne toute ma tendresse comme j'avais fait à sa sœur. Pour me désennuyer de l'isolement où m'avait laissé le départ de mon mari et de madame Olympe, je fis faire mon portrait en miniature, à bon marché, puisque le tout, encadré, me coûta vingt-cinq francs. Je pris la dernière séance le soir du départ de mon fils. Il me le vit payer, et je le lui remis, pour qu'il le portât à son père. Il était très ressemblant.

Ils me laissèrent quinze jours sans m'écrire. Toujours abusée sur l'attachement de mon mari et d'eux, et jugeant les autres d'après mon cœur, je me figurais avoir fait grand plaisir à monsieur Michal de l'envoi de mon portrait. Son silence m'inquiète : je le crois très malade, ou mort, et qu'on n'ose pas m'en prévenir : me voilà dans un désespoir terrible.

Monsieur Faivre me faisait une visite toutes les semaines, par ordre de mon mari ; il me trouve désolée et prête à partir pour Grenoble ; il s'y oppose et me dit : « Je ne veux pas que vous partiez ; je ne vous laisserai pas seule dans l'état où je vous vois. Venez passer trois jours à la maison ; je vais écrire à votre mari, et je le forcerai à me répondre courrier par courrier ; si dans trois jours, je n'ai point de réponse satisfaisante, je vous laisserai partir. »

Je me rendis à ses volontés. C'était un mercredi, et le vendredi, il me remet une lettre de monsieur Michal, qui me gronde sur mes inquiétudes, me marque son retour très prochain, et ne me dit rien du portrait. Je retourne l'attendre à l'hôtel. A son arrivée, je lui demande si mon fils le lui a remis ; il me répond : « Oui, mais tu as fait une sottise de dépenser vingt-cinq francs à cela. »

Nous étions dévorés des punaises à l'hôtel ; nous vînmes chez nous, rue de la Reine, ayant un appartement libre. Il repart le 12 juin pour Grenoble, à l'époque du reposoir. Il revint le lendemain de l'affaire Nadau, 29 juin ; j'ai été fermée chez monsieur Faivre le 6 juillet. Je vous ai déjà donné ces détails.

On voit donc que cet homme voulait à tout prix me tenir en réclusion ; et son hypocrisie, pour y parvenir, est manifeste. Ses enfants le servent dans ce but. Vous verrez une lettre où il me marque que ses filles désirent me faire une visite, mais qu'il n'y consentira que lorsque je lui donnerai, par écrit, ma parole de ne pas demander à sortir de chez monsieur Faivre. Ce dernier me dit : « Accordez-lui sa demande, et je ferai le reste ; je vous promets que vous retournerez chez vous. »

Ils arrivent tous les trois, se logent dans un hôtel de la place des Terreaux, viennent me voir deux jours après, et, par faveur, on me fait sortir pour dîner avec eux ; mais il faut retourner le soir dans ma prison. L'hôtel était rempli de Grenoblois ; le cœur me saigne à leur vue, et je dis à mon mari : « Que veux-tu que tout ce monde pense de vous voir seul, et moi de n'être avec vous que par moment ? Vous voulez donc que l'on sache que vous me tenez fermée ? Tu as deux lits dans ta chambre, tes filles ont le leur, laisse-moi, au moins, si tu ne veux pas m'emmener, passer avec vous le temps que vous restez ici. — Oh ! je ne paie pas le second lit, et si tu l'occupes, cela me coûtera vingt sous par jour. »

« Quelle mortification pour une épouse et mère. Il me regardait un franc, et ses filles lui en contaient dix-sept par journée : deux francs de chambre, et sept de spectacle, allait tous les jours au Grand-Théâtre; deux francs pour déjeuner chez Casati ou ailleurs; cinq pour le dîner, et un franc pour les curiosités, les omnibus, les voitures; total : dix-sept francs entre elles deux, et tous les frais de voyage à sa charge au moins.

« Enfin, monsieur Faivre obtint ma sortie; mais le jour où il y consentit, par force, des larmes de rage ont coulé de ses yeux. Je les ai vues. Malheureuse épouse et mère!!!

Nous partîmes, comme je vous l'ai marqué, le 25 octobre 1836. Arrivée à Grenoble, on me donna une surveillante, qui ne me quittait pas d'une minute; et lorsqu'elle sortait, ma domestique venait s'asseoir à mes côtés. Si je lui en faisais des observations, elle me répondait que c'était sa consigne. C'était la même qui m'avait maltraitée lorsque monsieur Michal me ramena; cette fille était maîtresse à ma place; elle avait déjà contribué à mes chagrins, et avait le mot d'ordre pour récidiver. Elle s'en acquittait à merveille, ne faisait rien de ce qui me concernait : si je lui commandais quelque chose, elle répondait : « Allez vous faire f...! je n'en ai pas le temps; parlez, ne parlez pas, c'est la même chose; je ne vous écoute pas, vous êtes une vieille folle. » Elle contrariait tous mes goûts, affectant une malpropreté extrême et du désordre, parce que cela me répugnait. On m'avertit qu'en mon absence, elle donnait les provisions de campagne pour se faire des créatures, et dans le nombre étaient des gens riches... Cela fait honte au siècle!... Elle portait mes effets, manteaux, jupons, etc., etc. J'ai trouvé des objets sales, et certains avaient des marques distinctives que la décence m'empêche de nommer. J'ai prouvé que ce n'était pas moi qui avais pu les faire. Le matelas de mon lit même avait disparu. Enfin, ce serait trop long de vous donner les détails sur les dégâts de cette créature.

Voyez ce que je vous ai marqué aussi, dans les écrits que je vous ai fait passer, de la conduite de monsieur Michal à cette époque, où mon fils m'emmena à Lyon, et il me fit fermer le 21 avril 1837. Ma vie était en danger avec cette furie, je me vis forcée de me sauver chez une de mes parentes, madame Caffarel, dont le mari est conseiller à la cour royale de Grenoble, chez qui je fus vingt-quatre heures entre la vie et la mort, par les révolutions qu'on m'avaient faites. Je ne voulus rentrer chez moi que lorsque monsieur Michal aurait mis dehors lui-même cette infernale fille ; mais, précautions inutiles, ma perte était jurée.... J'avais aussi la grippe, la fièvre, et ne pouvais rien digérer ; on me donnait pour me servir des prostituées qui étaient d'avance endoctrinées ; et les violences de monsieur Michal me forcèrent à me réfugier à la campagne. Comme une goutte de café à l'eau me faisait du bien après avoir passé la nuit à souffrir et sans dormir, on me fit un jour une infusion de tabac en guise de café. Heureusement, l'odeur était si dégagée, que je découvris le piége, et ne voulus pas la boire. On m'a dit que c'est un des plus violents vomitifs. Jugez, Messieurs, si, ayant le corps vide, cela m'aurait achevée.

J'ai perdu mon frère aîné dans les premiers jours de juillet. Mon mari, qui était venu à Lyon pour percevoir les loyers de la Saint-Jean, ne voulut pas me laisser sortir de chez monsieur Faivre pour venir le voir ; il fit ses arrangements avec mon frère le cadet, emporta beaucoup d'objets, vendit tout ce qui ne lui convenait pas, et s'entendit avec lui pour garder en commun l'appartement, le mobilier, la domestique ; et l'argent du défunt servirait pour tenir en commun le ménage jusqu'à la Saint-Jean de cette année. Ils convinrent, pour être libres, de me tenir enfermée, et, pour y parvenir, de me faire sortir de temps en temps, et de me séquestrer de nouveau. Mon mari ne vint me voir que pour m'apprendre la mort de mon frère. Lisez ce que je vous ai déjà écrit à ce sujet.

Monsieur Pascal, mon frère, vint me voir. De très mauvaise humeur contre défunt notre frère, de ce qu'il n'avait pas fait son testament en sa faveur, il était très piqué contre monsieur Faivre, qui, médecin de l'aîné, ne lui avait pas écrit qu'il était très mal ; qu'alors il serait venu et se serait fait faire une donation. Il me donna à entendre que c'était moi qui avais empêché monsieur Faivre de le prévenir. — Je lui répondis : « Tu as tort, tu sais que je ne suis pas intéressée, et je suis bien payée pour ne pas l'être ; car j'ai toujours eu beaucoup de chagrin à cause des successions. J'étais bien plus heureuse avant chaque héritage ; mon mari a été plus avare et plus méchant pour moi. Je n'ai pas vu le défunt depuis le 25 octobre 1836 ; on n'a pas voulu me laisser sortir pour lui faire visite avant sa mort. Monsieur Faivre m'a dit que tu ne l'avais pas chargé de t'écrire, quand mon frère serait plus malade. C'était à toi à lui demander son testament quand tu as donné le tien. Au contraire, j'ai dit à mon mari et à monsieur Faivre que mon frère l'aîné avait eu tort de n'avoir pas fait ses dispositions en ta faveur de ce qu'il lui restait, vu que ma famille héritait de sa portion de la maison, mon mari et sa maison de commerce l'ayant achetée à fonds perdu ; qu'il était bien juste qu'il eût donné le reste ; que je voudrais que mon mari t'abandonnât la jouissance du mobilier, à condition que tu fisses ton testament en faveur de mes enfants, puisque tu es garçon, par conséquent libre de tes volontés.

Toujours la haine dans le cœur, monsieur Pascal s'est ligué avec ma famille contre moi. Il y a un des Caffarel, mon cousin, qui était abbé, et qui, à la révolution de quatre-vingt-treize, a secoué le froc, s'est marié, a encore huit enfants, cinq garçons et trois filles ; il est misérable, il devait à mon frère l'aîné deux cents francs depuis plusieurs années. Monsieur Michal et monsieur Pascal eurent donc l'idée, soit pour se venger de monsieur Faivre, soit pour rattraper ces deux cents francs, de me mettre en pension chez ce monsieur Caffarel.

Mon mari, de son côté, pour me fasciner les yeux, m'avait promis par un écrit que j'ai entre les mains et portant sa signature, qu'il reviendrait à la fin d'août, me prendrait avec lui jusqu'au 10 septembre, époque où je rentrerais volontairement chez monsieur Faivre ; qu'il reviendrait à la fin d'octobre, et me prendrait encore avec lui le temps qu'il passerait à Lyon. — Je sortis le 29 août ; mon frère y était.

Ces messieurs sortaient après avoir déjeûné, à dix heures, rentraient à deux, repartaient à quatre, allaient au spectacle ou ailleurs, et ne rentraient qu'à onze heures du soir. Quatre heures le matin et sept le soir ; me voilà donc onze heures par jour seule vis-à-vis de leur dulcinée, dont je vous ai déjà parlé. J'avais des maux d'yeux, des douleurs de poitrine ; je ne pouvais donc ni lire, ni écrire, ni faire un ouvrage de main. Comme j'étais payée pour me méfier d'elle, je n'osais pas bouger de la pièce où j'étais, ni monter à mon appartement du troisième, dans la crainte qu'elle ne fît disparaître des effets de la maison, et qu'elle ne dise à mon frère que c'était moi qui les eusse enlevés.

Cette fille, soi-disant, de confiance, à qui ces messieurs donnaient de l'argent sans reddition de compte, me fesait supporter toute sorte d'humiliations ; je n'étais qu'un pauvre zéro chez moi, oui, chez moi, puisque j'étais héritière de moitié avec mon frère. Je supportais tout en femme prudente, et en silence, pensant que c'était un piège tendu pour me porter à l'exaspération et prendre ce prétexte pour me renfermer. Je n'en ai fait l'aveu qu'au mois de décembre 1837, après avoir été fermée de nouveau le 29 novembre précédent, par violence, chez monsieur Faivre.

Je vous fais donc observer, Messieurs, que si j'étais folle, aurais-je gardé sur le cœur, durant trois mois, une telle humiliation pendant les douze jours que je restai avec ces messieurs? Je me conformai en tout à leurs caprices, ne sortant jamais qu'une ou deux fois avec mon mari, et je rentrai chez monsieur Faivre, comme il l'avait exigé, le 10 septembre même année.

Dans l'intervalle, j'avais lu sur les journaux que les élections étaient fixées pour le 4 novembre; connaissant l'amour-propre de monsieur Michal pour donner son vote, je pensai qu'il ne reviendrait pas à la fin d'octobre, s'il voulait être à Grenoble pour les élections. Je lui écrivis à ce sujet (*).

Il vint à Lyon le 23 octobre, et avec monsieur Pascal, mon frère, parce qu'ils avaient une somme à recevoir de défunt mon frère aîné, qui était ingénieur en chef dans le département de la Loire. Monsieur Michal vint voir monsieur Faivre, et lui défendit de me dire qu'il était à Lyon, ne pouvant y passer que quelques jours, puisqu'il fallait qu'il fût à Grenoble le 3 novembre pour les élections. Moi, qui étais payée pour être méfiante, ayant été trompée si souvent, je me doutai qu'il était arrivé, et dans une conversation à ce sujet avec monsieur Faivre, mes instances forcèrent ce dernier à me l'avouer. J'écrivis à mon mari pour me plaindre de son manque de parole. Vous avez, Messieurs, sa réponse dans mes mémoires.

Le payeur général, sachant que j'étais héritière et demeurais à Lyon bien portante, exigeait que je vinsse signer; monsieur Michal se voit donc forcé de me faire sortir. Il m'écrit que j'ai tort de me méfier, que son intention était bien de me prendre avec lui, et qu'il comptait me faire venir le lendemain. Il me niait, lorsque je fus sortie, d'avoir recommandé à monsieur Faivre de me cacher son arrivée; il feignit de garder rancune à celui-ci de ce qu'il me l'avait dit, et convint avec monsieur Pascal de me mettre chez l'abbé Caffarel.

Je sortis donc le 27 octobre de chez monsieur Faivre, et je fus installée le 2 novembre chez l'abbé Caffarel; mais c'était un guet-apens nouveau pour m'incarcérer pour la vie, comme c'était son projet depuis quatre ans. Relisez tout ce que je vous ai écrit, les lettres de mes enfants et les siennes; et vous en trouverez la preuve, ainsi que dans la copie d'une lettre qu'il a écrite à monsieur Faivre, et que je vous ai fait passer.

On avait appris à monsieur et à madame Caffarel le rôle qu'il fallait jouer avec

(*) Voyez notre correspondance de cette époque dans mes mémoires.

moi, et ils s'en sont bien acquittés. Ces messieurs y étaient allés à mon insu. Il y a quatre métiers à dévider la soie, et par conséquent un nombreux personnel qui était prévenu que j'étais folle, qu'il fallait me traiter comme telle ; un appartement dégoûtant de malpropreté, et infecté d'une odeur fétide de latrine, une nourriture à l'avenant, le bruit des mécaniques depuis six heures du matin jusqu'à onze heures du soir, le bavardage et l'insolence des ouvrières ; rien pour fermer mon linge sale et le propre, ce qui me forçait à aller chez moi toutes les semaines porter le sale et en prendre d'autres ; la mauvaise humeur des maîtres, les mesquineries, les mesintelligences entre mari, femme et enfants ; il n'y avait de rien dans ma chambre, qu'un lit très malpropre et infesté d'insectes. J'y suis cependant restée vingt-et-un jours.

Un jour que j'allais pour prendre du linge, je sonnai au second pour que la domestique vînt avec moi, et fût témoin des effets que j'emportais de notre appartement du troisième, pour être en garde contre les funestes accusations de ces messieurs ; je vis qu'elle mettait un gros bouilli, mais je n'osai pas lui en demander le motif. Je la priai, comme d'habitude, de m'apporter mon paquet, et de m'accompagner ; elle me dit qu'elle ne pouvait pas quitter, vu qu'elle attendait monsieur Pascal, qui lui avait dit qu'« il serait ici le 10 ou le 12 du mois », et nous étions au 18. — Je lui réponds : « Vous vous trompez, c'est le 10 de décembre qu'il doit être ici avec mon mari ; ils en sont encore convenus ensemble la veille de leur départ. » — Elle ajouta : « Il m'a dit à moi qu'il viendrait de suite après les élections, et je ne puis vous accompagner, parce qu'il pourrait arriver dans l'intervalle. »

Le 23 au soir, une ouvrière de monsieur Caffarel se permit des propos contre moi devant toute la famille ; un des fils, qui souffrait de la manière dont j'étais traitée chez son père, indigné de l'insolence de cette fille, lui imposa silence. Elle continua ; il la menaça d'un soufflet, dont elle fut effectivement confirmée après avoir recommencé encore avec persistance. Voilà une rancune.

Quand j'appris cette scène, je dis au jeune homme : « Vous avez eu tort : vous me forcez à m'en aller ; je ne puis rester dans une maison où règne la discorde, et surtout parce qu'elle augmente par rapport à moi. »

Comme mon frère arrivait, je crus pouvoir aller chez nous, et lui faire part de mes ennuis..... Eh ! comme je m'abusais ! Je partis le lendemain, et je dis à notre domestique : « Marie, puisque vous attendez mon frère, je viens coucher, parce que j'ai quelque chose à lui communiquer. » Le lendemain, 25, à trois heures après-midi, monsieur Pascal arrive. J'entends la domestique qui lui parle bas. Je me lève pour aller l'embrasser; il me crie de la porte : « F... ! que fais-tu ici ? » — A cette apostrophe, je me remets à ma place, et lui dis tranquillement : « Que viens-tu y faire toi-même ? — F... pour mes affaires ! — Et moi pour te communiquer les miennes. — F... ! je ne veux rien savoir... Tu ne dois pas venir ici sans ton mari. Tu vas donc t'en aller de suite chez Caffarel ou chez monsieur Faivre, ou je te f... par la fenêtre, si tu ne passes vite par la porte », et il continue à me couvrir d'injures, avec une volubilité effrayante.

Je garde mon sang-froid et lui dis : « Je suis ici chez moi, aussi bien que toi, et si j'étais méchante, j'irais chez le juge de paix lui porter mes plaintes; il viendrait te faire sortir aussi, et emporterait les clés jusqu'à l'arrivée de monsieur Michal. Mais je crains le scandale, et non tes injures ni tes menaces; et, pour me soustraire à tes violences, je vais monter à mon appartement au troisième étage, jusqu'à l'arrivée de mon mari, mais non pour me rendre à ton commandement despotique. » Il me poussait en vociférant des imprécations horribles, jusqu'à ma chambre, où j'étais obligée de prendre mes clés, et quand j'eus passé la porte, il la ferma sur moi à la grosse clé. J'ai gardé vingt-quatre heures le tremble de cette scène.

Le lendemain un des fils Caffarel m'avait promis de venir me chercher pour entendre à Saint-Pierre une messe en musique d'amateurs pour la Sainte-Catherine. Le dimanche, 26 novembre, ne me trouvant pas chez son père, il vint à la maison. Je lui racontai ce qui m'était arrivé la veille, lui dis qu'il m'était impossible de sortir, et le priai de passer la journée avec moi pour servir de témoin en cas de nécessité. Un instant après, arrive monsieur Faivre; il me dit avoir reçu une lettre de mon mari, qui le priait de me faire aller chez lui de gré ou de force. Je lui réponds : « Monsieur, vous m'avez dit chez vous, en présence de votre épouse et de votre homme d'affaire, au commencement de juillet, après la mort de mon frère, qu'il y avait une loi qui défendait de garder par force, dans les maisons de santé, des personnes qui avaient leur tête; que vous étiez las de voir une femme toujours la larme à l'œil, et ne mangeant pas; que si je ne voulais pas rester de bonne volonté, comme l'exigeait mon mari, vous m'ouvririez la porte, parce que vous ne vouliez pas aller en galère pour moi. Vous êtes bien convenu que je n'étais pas folle..... Eh bien ! je suis toujours la même, je n'ai que l'émotion de plus causée par la scène d'hier, que je viens de vous raconter. Si vous me portez de l'intérêt, montrez-moi la lettre de mon mari, vu que j'en ai reçu une de lui il y a deux jours remplie de douceurs et d'espoir de jours heureux pour l'avenir ; il me remercie de la mienne datée du 19. Tout cela est une énigme. »

Il me répond : « Je n'ai pas sur moi la lettre de votre mari. — Eh bien ! apportez-la moi demain ; venez pendant neuf jours me faire des visites, et vous verrez que je suis toujours la même. » — Il me répondit : « Je ne le ferai pas, et vous aurez de mes nouvelles sous peu. »

Deux commissaires de police vinrent me prendre le mercredi, 29, à huit heures du soir.

Il me semble, Messieurs, que, d'après tout ce que j'ai écrit, les lettres que vous avez, et la copie que je vous envoie de celles de mon mari à monsieur Faivre, il est plus que prouvé que l'intention de monsieur Michal était, depuis nombre d'années, de me tenir fermée toute la vie, et que, lorsqu'il me faisait sortir, c'était pour avoir une occasion préméditée d'avance pour me refermer, et finir par l'interdiction.

RÉPONSE

AUX DOUZE

ACCUSATIONS INJUSTES

FAITES PAR MONSIEUR MICHAL

CONTRE

SON ÉPOUSE.

Le sieur Michal est admis à prouver, tant par titres que par témoins, les actes nombreux de folie auxquels s'est livrée sa femme,

Et notamment :

1° *Que la dame Michal s'abandonnait à des danses et à des chants immodérés, qui avaient tous les caractères de la folie.*

Madame Michal est d'un caractère vif et enjoué, grande musicienne; c'est ce qui la soutient dans ses malheurs. Quand elle sent son courage l'abandonner, elle chante pour le ranimer et faire diversion à ses chagrins.... La danse, c'est faux : comme monsieur Michal ne me donne pas de frotteur tous les jours à Lyon comme à Grenoble, je frotte une pièce; voilà mes bals. Une seule fois, pour marquer à monsieur Michal mon mépris pour ses injures, je fis un grand chassé, en chantant :

> « Bon, bon, marions-nous,
> « Mettons-nous à la misère, etc. »

Les malheureux usent de toutes les ressources pour s'étourdir. Au reste, j'ai vu des personnes plus âgées que moi, danser et chanter; elles n'ont point passé pour folles, ni été fermées, ni été interdites. Les faux prétextes que prend monsieur Michal pour m'enlever ma petite fortune, me font pitié ; sa conduite méprisable seule devrait ouvrir les yeux des juges.

2° Qu'elle renvoyait et reprenait tour à tour les domestiques, sans aucun sujet de mécontentement.

J'ai déja donné dans mon mémoire de longs détails sur cette injuste accusation. J'ai pour maxime qu'il ne faut jamais reprendre une domestique qu'on a renvoyée, parce qu'elle pense qu'on n'a pas trouvé mieux, et vous sert alors plus mal. J'ai fait voir à mes deux filles, mesdames Dufaix et Margot, des marques distinctives qu'une autre que moi avait couché dans mon lit et à côté de monsieur Michal ; qu'on avait sali mes jupons, porté un de mes manteaux, volé beaucoup d'effets de ma garde-robe et de mobilier, en mon absence. Monsieur Michal parlait toujours d'un ton mielleux, gracieux, à ses servantes, et, devant elles, m'insultait et ne m'adressait jamais la parole que de mauvaise humeur. Je conviens que toutes les fois que j'ai vu de pareils indices, j'ai mis à la porte de semblables créatures ; je devais me faire respecter, ainsi que notre intérieur. Un homme qui a de telles faiblesses, doit se les passer hors de chez lui, et exiger qu'on ait des égards pour sa femme, et non la faire insulter ni souffrir qu'on lui manque en sa présence, et même le commander.

3° Qu'un jour elle s'empara de la clé de la pompe à eau, et ne voulait la délivrer sans la faire payer.

Il n'y a point de clé de pompe ; c'est un cadenas que ma mère faisait mettre tous les soirs à neuf heures. Depuis sa mort, toutes les habitudes d'ordre, de propreté n'étaient plus pratiquées ; des abus scandaleux les avaient remplacées. J'ai présumé avoir le droit de les faire reprendre, et, comme je l'ai marqué dans mes notes, la nuit du 28 juin 1836, à dix heures du soir, j'exigeai de la portière qu'on remît le cadenas à la pompe, pour empêcher que les gens du dehors et les domestiques de la maison vinssent, jusqu'à minuit, se réunir pour faire du bruit et commettre des actions qu'il répugne à la pudeur de désigner ; plusieurs locataires m'en avaient porté des plaintes, et regrettaient qu'on eût aboli les usages établis par ma mère.

Je devais donc, étant sa remplaçante, prouver que je blâmais cette mauvaise conduite, en rétablissant les précautions pour y remédier. Les voisins ont tous des puits et des pompes, et pour les ménager, ils venaient à la nôtre, qu'ils dérangeaient à force de pomper avec rudesse ; remplissant trop leurs seaux, l'avant-cour était toujours toute mouillée, malpropre ; l'hiver, cela fait un verglas dangereux. J'avais donc recommandé à la portière de faire toutes ces observations aux gens du dehors, et de leur dire que, s'ils continuaient, on leur empêcherait de prendre de l'eau, et l'on établirait une amende, qui les forcerait à l'avenir à avoir des égards. Au lieu de blâmer une telle conduite, on devrait l'admirer.

4° Qu'un jour elle insulta, sans raison, monsieur Nadau, avocat général, locataire de la maison qu'habitaient les époux Michal.

Monsieur Nadau m'accuser ! quelle audace ! Il est révoltant de voir monsieur Nadau à la tête de mes persécuteurs, lui qui a été mon provocateur. J'ai déjà fait connaître dans mes mémoires, la conduite de monsieur Nadau, en cette circonstance. Ah ! si les avocats généraux se permettaient autant de licence et de scandale, et pour couvrir leurs torts d'accusés, de devenir accusateurs, la France deviendrait la forêt Noire. Monsieur Nadau devrait rougir de ses violences contre une femme âgée qu'il savait seule, à une heure indue, puisque c'était à onze heures du soir. Quand on soupe si tard et qu'on aime à boire frais, qu'on jouit d'une fortune colossale, on n'importune pas tout un voisinage ; on a de la glace conservée chez soi ; je lui apprendrai une manière pour qu'elle ne fonde pas. Vous avez dû voir, par mon mémoire, qu'il vint casser le fil de fer et la chaîne de ma sonnette en plusieurs morceaux, à coups de pied, à coups de poing, et avec son postérieur, il faisait aigre à ma porte, parce que je n'avais pas voulu ouvrir à sa demande insultante, que voici : « Ouvrez, c'est Nadau qui vous le commande, ou vous aurez à faire à moi, et je brise votre porte », avec une voix de Stentor, puisqu'elle a mis en émoi tous les locataires. Vous avez dû voir que j'avais dit à sa bonne que le lendemain je m'expliquerais avec son épouse, et comptais, s'il fût resté tranquille, donner l'ordre à la portière de mettre tous les soirs le cadenas chez monsieur Nadau, pour qu'il pût prendre de l'eau fraîche, puisqu'il soupait si tard ; mais son injonction impertinente m'indigna, et je conviens que je lui dis d'aller faire panser son derrière, qu'il avait dû mettre en capilotade, à force de le frapper. On se fait mépriser, quand on se rend méprisable, surtout avec le rang qu'il occupe ;

on doit savoir se conduire honnêtement pour juger sérieusement les actions des
autres et les punir. Il m'a fait des excuses par l'organe de monsieur Michal ; aujour-
d'hui il m'accuse..., quelle infamie !

5° *Qu'un jour elle éleva à grands frais un reposoir particulier pour la Fête-Dieu ;
qu'elle invita un très grand nombre de personnes mêmes étrangères, à dîner,
et que le repas à dégénéré en une véritable orgie.*

Il est d'usage à Grenoble que l'on fait à volonté des reposoirs ; j'avais l'assenti-
ment de monsieur le Curé et de mon mari, puisqu'il était avec moi, et les travaux
se sont faits en sa présence. Il a bien vu que je n'avais personne à dîner ; il partait
le même soir, c'était lors de l'Octave de la Fête-Dieu, le 12 juin 1836, un dimanche. Puisqu'il s'en plaint aujourd'hui, pourquoi ne me le défendait-il pas alors ?
pourquoi partait-il le même jour, puisqu'il avait dit à tous les locataires que, si je
leur demandais, à la Saint-Jean, leur paie, on ne me donnât point d'argent,
parce que, n'ayant pas ma tête, je pourrais en faire un mauvais usage. C'est monsieur et madame Nadau qui m'en ont fait l'aveu par serment. Pourquoi ne pas
renvoyer son voyage au lendemain ? pourquoi, depuis cette époque jusqu'au 29
même mois, m'écrivait-il ses condoléances sur la crainte que la peine que j'avais
eue à cette occasion, ne m'eût rendue malade ? me peignait-il sa satisfaction de ma
réussite, et le plaisir que lui en avait fait les détails que je lui avais adressés à ce
sujet ? Vous avez dans vos mains toutes ses lettres du 14 juin jusqu'au 27 même
mois 1836. Pourquoi cette haine subite des Nadau ? jusqu'à cette époque, ils me
témoignaient beaucoup d'amitié ; avec leur fortune, on ne reçoit de cadeaux que
de ses amis, et madame Nadau a accepté de moi trois petits bonnets tout en den-
telles, doublés de satin ; j'espère qu'ils n'oseront pas nier le fait, ce fut à la fin
de mai ; ma conduite leur était connue. J'ai déjeûné chez monsieur Nadau le jour
du reposoir ; madame Nadau m'a prêté beaucoup d'objets pour l'orner. A l'occasion d'orgie, dans l'affaire du reposoir, avec les scandales de monsieur Nadau,
j'ai oublié de dire que c'était une collation donnée aux ouvriers qui avaient travaillé.

6° *Qu'elle a fait à diverses reprises des dettes nombreuses et sans nécessité aucune ;
que très souvent, soit à la ville, soit à la campagne, elle a mandé un très
grand nombre d'ouvriers pour élever des constructions imaginaires.*

Qu'on me prouve que j'aie fait des dettes, que j'aie entrepris des travaux inutiles et imaginaires. J'ai plusieurs fois expliqué que monsieur Michal aime mieux voir périr des arbres que de payer pour les arroser, voir tomber des murs plutôt que de les faire crépir et parvérer, et pourrir les toitures et les planchers plutôt que de prendre un ouvrier pour ôter les gouttières. Il craint surtout de voir travailler, et quand l'ouvrage est fait, il l'approuve. J'avais donc pris l'habitude de faire réparer en son absence ; mais j'attendais d'avoir son approbation. Il disait : « Tu as raison, il faudrait faire telle chose, mais ce sera pour l'année prochaine. » Le moment arrivé, « Oh ! cela peut attendre encore » ; le dégât augmentait, les plantations périssaient. Mais qu'on ose dire que j'aie fait quelque chose qui ne soit pas approuvé par la raison et de tout le monde, et surtout des connaisseurs ? Quant aux emprunts, je n'ai fait que celui de deux cents francs pour Truchelu, l'horloger.

7° *Qu'un jour elle rassembla dans son jardin plusieurs ouvriers ; qu'elle les gorgea
d'eau-de-vie et de vin, et finalement leur donna ordre d'arracher tous les
arbres du jardin ; qu'un jour elle donna ordre d'abattre une grange pour la
porter plus loin.*

J'ai donné sur ce sujet dans mon mémoire de grands détails qui doivent convaincre messieurs les Juges de cette inculpation mensongère et de ma franchise ; d'ailleurs c'est à Grenoble, il s'imagine en imposer par l'éloignement. Mais quand il s'agit de déjouer la calomnie, il faut user de ses ressources : on peut vérifier le fait. Doit-on s'en rapporter à un homme qui par rapine a l'ame si ignoble ? Il a une grange qui a été achetée il y a nombre d'années, et dont on a fait un grand salon et quatre petites pièces au dessus à la même place ; l'achat fut fait par ordre de monsieur Michal, ainsi que les changements de construction ; mais celle dont il est parlé est une masure qui masque l'habitation, et toutes les personnes qui viennent à la maison sollicitent monsieur Michal de la démolir et de l'élever dans un autre emplacement plus convenable. Chaque automne il promet pour le printemps, et à l'époque en question nouveaux prétextes pour éluder. L'hiver de 1837, il a fait apporter des pierres pour cette reconstruction, qui, d'après le plan, devait être plus grande. J'ai été obligée, le 16 avril, deux jours avant mon départ pour Lyon dont je vous ai parlé, d'employer des manœuvres pour les faire entrer dans le clos et les mettre en tas, puisqu'il renvoyait encore cet ouvrage. La grange était encore à sa place, et je suis partie le 18, fermée le 25 chez monsieur Faivre. Voilà encore une accusation fausse, puisque je suis toujours restée à Lyon. Depuis, que d'infamies commises pour ce malheureux métal dont on veut me dépouiller! Quant à ce qui s'est dit relativement à de l'eau-de-vie à la campagne, qu'on me prouve qu'il s'en soit bu plus d'un litre et demi. J'appelle le témoignage des manœuvres que j'ai fait travailler à la fin de mars 1837 jusqu'au 18 avril, que je vous ai dit être venue à Lyon, accompagnée par mon fils, soi-disant pour une émeute, et je fus fermée chez monsieur Faivre par deux gendarmes, qui en avaient l'ordre de monsieur Leuillon de Thorigny; ils serviront de témoignage en ma faveur. Quant à l'eau-de-vie, il faisait très froid, personne ne trouvait de travailleurs, et moi je leur donnais un petit verre d'eau-de-vie à chacun le matin en commençant leur journée, une bouteille de vin à dix heures, une à quatre heures du soir; de sorte qu'en reconnaissance, ils venaient une heure plus matin, s'en allaient une heure plus tard, et travaillaient toute la journée malgré les bourrasques, les giboulées de mars et la lune d'avril, dite rousse. Voilà mon crime expliqué sur ce point; mes voisins étaient jaloux. Quant à la grange, c'est faux: je ne l'ai pas démolie; elle existait à mon départ. Je prends encore les manœuvres pour témoins. Si on l'a détruite en mon absence, ils le diront. Venons aux arbres. Lorsque monsieur Michal fit faire son jardin, en 1820, pour jouir plus tôt, il acheta du père Quiquandon quinze arbres très forts qui avaient au moins douze ans, en plein rapport l'année dernière lorsque je fus à notre campagne qu'on avait négligée depuis quatre ans, parce que monsieur Michal aime mieux laisser tout périr que de payer des journées, le verger, le jardin, les allées ne formaient qu'une perruque de foin; cent arbres morts, un carré d'artichauts, bordures, vases de fleurs, orangers et arbres à mi-vent, en espaliers et nains. Lorsqu'on les remplaçait, ces arbres, on les mettait en alignement, ayant eu l'expérience de l'épreuve ci-dessus par monsieur Michal, dont il en reste au moins la moitié, forts, vigoureux, transportés de la ville; ce qui prend trois jours pour les arracher et les mettre en place; tandis que moi je ne faisais que les reculer, sans les changer de destination; et si l'on m'eût laissée à la campagne, je les aurais fait arroser et pas un n'aurait péri. La faute en est à l'imposteur qui se prend dans ses filets, quand il veut expectorer sa bile noire! Je proteste donc que toutes les accusations de mon autocrate sont fausses; j'en prêterai le serment si l'on veut sur l'Évangile. Quant à mon sultan et à ses alguazils, ils sont sans principes religieux, n'ont pas dit un *Pater* depuis leur première communion, et ils lèveraient le pied et la main. Il n'y aurait que ma présence qui pourrait leur en imposer, ayant été souvent pour eux la tête de Méduse. Monsieur Michal qui a pris les goûts crapuleux, juge les autres d'après lui, et comme ses servantes ont pris ma place depuis nombre d'années, il a voulu me mettre à son niveau; mais qu'il se rappelle que son épouse a des principes religieux et sait se respecter !

8° Qu'elle se passionna pour un canonier, l'attira chez elle, et faisait avec lui une foule de folles dépenses.

J'ai réfuté par de nombreux détails une calomnie aussi répugnante. Je vous ai dit que, d'après l'ordre de monsieur Michal, il était venu pour régler une pendule, plusieurs fois avec l'habit d'uniforme, et comme il n'avait pas encore beaucoup d'ouvrage en horlogerie, venant de quitter le service militaire, et que notre appartement était remis à neuf, je l'avais employé, à différentes reprises, pour placer glaces, tableaux, paters, pour lesquels objets il aurait fallu prendre un autre ouvrier. Si c'est à l'habit d'uniforme qu'on attache l'exclusion, que de personnes sont coupables, qui prenne des militaires pour faire leur ouvrage, parce qu'ils se font payer moins, témoin la maison où je suis en ce moment : c'est un soldat qui fait l'ouvrage, qui reste toute la journée pour faire le gros travail. Un homme qui ose blasphémer et se jouer ainsi de la réputation de son épouse pour un modique intérêt d'argent, mérite tout son mépris et celui de tout le monde.

Pour l'horloger-canonier, voici le fait : Nous avions acheté une pendule, monsieur Michal se retint qu'on la lui ferait régler et qu'il la garderait un laps de temps avant de la payer, pour s'assurer de sa bonté. Le marchand nous envoya ce Truchelu, qui vint plusieurs fois pendant le séjour de monsieur Michal, encore habillé en militaire. Le 12 juin 1836, jour du reposoir, j'avais prié ledit horloger de venir nous aider, vu qu'il ne travaillait pas : c'était un dimanche. J'engageai aussi ma tailleuse. Il devint amoureux de la jeune personne; il revint le lendemain me prier de plaider sa cause auprès de cette demoiselle et de sa famille. Comme il passait pour un brave garçon, protégé de plusieurs curés, et que même il me demandait de le présenter à monsieur Ferrand, curé d'Ainai, ma paroisse, je l'y conduisis peu de jours après le reposoir, en allant remercier monsieur le Curé de tout ce qu'il m'avait prêté pour cette circonstance. Ce jeune homme chante fort bien le plain-chant et a une voix de Stentor. Il était donc reçu dans des églises de Saint-Paul, Saint-Nizier, Ainai, etc.

J'eus donc la complaisance de faire la demande à un parent de la demoiselle, qui rejeta cette proposition, paraissant porter ses prétentions plus haut; j'avais eu la précaution de lui défendre de revenir à la maison, jusqu'à ce que sa famille eût donné son consentement à cette union; et c'est dans cet intervalle que le jeune homme venait quelquefois pour savoir s'il serait agréé. Il avait acheté un fonds d'horlogerie à très bon marché. Il lui manquait deux cents francs; il me dit qu'il perdrait cette occasion, s'il ne pouvait se procurer ladite somme, que cela ferait sa fortune, si je pouvais la lui prêter. Il est vrai que j'eus la bêtise de l'emprunter. Il devait me la rendre au bout d'un an. Monsieur Michal arriva le jour de l'affaire Nadau, et pour se venger, ils firent des bavardages sur les allées et venues de cet homme. Le dimanche ensuite, 3 juillet, il se présenta à la maison pour me demander le résultat de son affaire; monsieur Michal lui ferma sa porte en l'invectivant du mot de *canaille*. Il ne m'en dit pas la raison; je fus fermée le 6 du même mois. Comme monsieur Michal, toutes les fois qu'il revenait de Grenoble, était toujours de mauvaise humeur, je crus qu'il la lui faisait supporter, et je lui avais donné une de mes montres à vendre pour rembourser plus vite ladite somme. L'aumônier de monsieur Faivre connaissait ce jeune homme; je le priai de lui demander le montant de ma montre. Il me fit dire qu'il avait eu une explication avec mon mari sur sa mauvaise réception, et que monsieur Michal s'était excusé sur son moment de promptitude; qu'alors il lui avait remis la somme provenant de la vente de ma montre, et lui avait avoué me devoir deux cents francs; que monsieur Michal lui avait laissé beaucoup de latitude pour le remboursement, et qu'ils étaient bons amis. Voilà ce que l'on gagne à obliger des imbéciles. C'est le cas de dire : Bienheureux sont les pauvres d'esprit ! puisque c'est son aveu des deux cents francs qui m'a fait fermer, et que mon mari le protége.

Voilà donc comme les méchants tirent parti de tout, quand ils veulent perdre quelqu'un. Ce Truchelu me fit faire des excuses par l'aumônier, sur sa bonhomie et sa franchise qui m'avaient causé des chagrins : il aurait donc dû expliquer les motifs de ses visites à monsieur Michal. C'est une leçon terrible pour les femmes, qui les avertit qu'à tout âge elles doivent craindre la calomnie. Il paraît qu'on veut faire de moi une Messaline... Je me fais gloire de n'avoir jamais été une Ninon, et que j'ai été toute ma vie vertueuse. Quelle horreur! je méprise celui qui pour un vil intérêt ose perdre de réputation sa compagne de vingt-cinq ans. *L'amour-propre offensé ne pardonne jamais* ; connaissez la bassesse de cette âme! il sait que j'ai toujours été vertueuse, il en a la conviction ; en voici une preuve : A la même époque, il me dit, *sans nommer personne*, qu'on lui avait dit que j'avais fait des conquêtes en son absence ; qu'à tout âge cela se pouvait avec de l'argent. — Je lui répondis avec une indignation qui peignait mon mépris et la certitude qu'il ne pensait pas ce qu'il disait, par les preuves du contraire, qu'à tout prix je voulais connaître l'imposteur. — Alors il me fit toutes les protestations possibles pour nier que personne ne lui avait rien dit ; que c'était une plaisanterie qu'il avait voulu me faire, etc. — Si monsieur Michal avait des soupçons à cette époque, pourquoi m'a-t-il sortie volontairement de chez monsieur Faivre le 25 octobre même année? pourquoi m'a-t-il gardée six mois avec lui à Grenoble? Voyez toutes ses lettres, depuis ce moment jusqu'au 22 novembre de l'année dernière, où il me dit des douceurs! se plaint de ses enfants, me marque qu'il espère que nous aurons encore des jours heureux à passer ensemble. — Si depuis le mois de juin il avait acquis la certitude que j'avais mené une mauvaise conduite, je devais être une femme à mépriser, de laquelle on se sépare! Cela seul devrait ouvrir les yeux sur l'infernal caractère de cet homme et de toute sa famille!

9° *Que différentes fois les actes violents auxquels elle s'est livrée, ont contraint son mari à la faire enfermer.*

Quels sont donc ces actes de violence? Nommez-les donc! prouvez-les donc! Combien je suis heureuse d'avoir confiance en la Providence; elle me donne des forces pour tout supporter, et me défendre contre une famille acharnée à me perdre de réputation et à me tenir le reste de mes jours en réclusion, si elle ne parvient, en m'abreuvant de chagrins à me rendre folle, ou à terminer ma carrière

Mais non : plus j'éprouve de malheurs, plus je me sens de courage ; prenez
garde que l'indignation ne m'ôte ma retenue et ne me porte à dire toute la vérité.
Laissez votre infortunée épouse, mère, sœur, emporter dans la tombe des aveux
qui ne seraient arrachés que par le désespoir !

Je suppose même que sans provocation j'aie eu des moments d'exaspération,
chanté, dansé, est-ce une raison pour être renfermée toute la vie ? être interdite ?
J'ai vu des personnes être aliénées ou furieuses, être tenues à l'attache,
avoir le corset de force, des entraves, des sangles, qui criaient jour et nuit ;
leur famille venait sans cesse les voir, et, aussitôt convalescentes, on les retirait,
quoiqu'ayant rechuté jusqu'à trois fois ; elles sont chez elles entourées des soins
d'un mari, de leurs enfants, et pas une n'est interdite : mais c'est qu'elles
n'ont pas une famille dénaturée comme la mienne !!!

10° *Qu'un jour, les époux habitant encore Grenoble, elle s'enfuit de cette
ville, emmenant avec elle plusieurs effets mobiliers précieux, vint s'installer à Lyon, dans un appartement où elle se barricada pour repousser
son mari.*

Je vous ai donné dans mon petit mémoire les détails de cette circonstance.
C'est en 1837, époque où j'ai malheureusement passé six mois à Grenoble, dans
les tribulations de tout genre, obligée de me sauver à notre campagne dans
l'espoir d'y être à l'abri de la fureur de monsieur Michal, ayant été à la porte du
tombeau plusieurs fois par les révolutions ; et c'était alors que mon fils, d'accord
avec son père, venait me voir, faisait l'hypocrite, se plaignait de l'auteur de ses jours
les larmes aux yeux (il serait bon acteur), m'annonçait qu'il y avait des troubles à
Lyon, m'engagea à partir avec lui, sans en prévenir mon mari, parce qu'il
pourrait, dans son humeur farouche, me faire quelque mauvaise action ; que
je lui écrirais de Lyon. Il m'aida à faire une malle ; je le consultai même pour
emporter trois couverts d'argent, trois petites cuillers, une grande à soupe, n'en
ayant pas à Lyon ; et cela m'était permis, puisque j'ai hérité de ma mère de beaucoup d'argenterie, huit couverts, cuillers à soupe, plusieurs à ragoût, à olives,
à sucre, pinces pour le sucre, salières, moutardiers, huiliers ; et voilà pourtant
tous les effets précieux. Qu'on me prouve qu'il y avait autre chose de valable, si
non des effets pour mon usage. Nous arrivons un jeudi, 20 avril ; mon fils repartit

pour Grenoble le samedi 22. Je fus enlevée de chez moi, comme je vous l'ai déjà dit, le 25, par deux gendarmes, qui furent indignés qu'on les eût chargés de cette mission aussi pénible par son injustice; ils me montrèrent l'ordre signé du procureur du roi, monsieur Leuillon de Thorigny, et me dirent qu'un jour si j'avais besoin de leur témoignage, ils se feraient un devoir de faire connaître mon innocence. Je n'ai donc pas repoussé mon mari, puisque je ne l'ai pas vu jusqu'au 6 juillet même année, qu'il vint me voir chez monsieur Faivre. Il était venu à Lyon à la Saint-Jean pour recevoir les loyers de notre maison sise rue de la Reine, 6, et se trouva à la mort de mon frère aîné, décédé le 2 juillet. Vous voyez, Messieurs, que de fourberies! Je n'avance rien, moi, que je ne puisse prouver.

11° *Le sieur Michal a payé très souvent des comptes exorbitants de modes et de marchandises achetées par cette femme.*

L'expression *cette femme!* On doit savoir que CETTE FEMME mérite le respect par ses antécédents, sa conduite en général, son âge, ses malheurs! Je méprise un tel langage, comme ces douze inculpations fausses, ainsi que ceux qui les ont dictées. Je sais le proverbe qui dit qu'*on n'est jamais sali que par la boue.* Les sottises retombent sur ceux qui les disent, elles ne m'atteignent pas. Je prête serment que je n'ai jamais fait, en aucun genre, de dépenses exorbitantes, ayant toujours eu beaucoup d'ordre et d'économie. Qu'on montre les mémoires?

12° *Qu'elle a proféré contre son mari des menaces de meurtre et d'empoisonnement.*

Je vous ai marqué sur des notes très au long cette soi-disant provocation: c'est faux comme toutes les plaintes ci-dessus. Je n'en ai jamais fait d'autres que celles déjà désignées; c'était toujours mon refrain quand il me faisait des menaces: « Michal, parle, mais ne frappe pas; tu sais qu'avec moi c'est la peine du talion. Si l'on me fait une bonne action, j'en rendrai quatre, si je le peux; si c'est une mauvaise, je centuplerai, s'il m'est possible. La vengeance est le plaisir *des dieux et des femmes,* dit-on. Hélas! que deviendrions-nous, pauvres créatures! si nous n'avions pas en partage la finesse? L'homme a toutes les faveurs: il a la force; c'est lui qui fait les lois et se rend maître de la fortune de sa malheureuse épouse. Si la femme a la triste destinée de tomber comme moi entre les mains d'un despote, d'un avare, d'un caractère violent, haineux, comment supportera-t-elle tant de fléaux sans l'intelligence. Aussi monsieur Michal a la conviction, il me l'a dit mainte fois, qu'avec son or, il peut tout entreprendre, braver, insulter, calomnier, maltraiter impunément, fermer les bouches, les ouvrir à volonté, ainsi que les portes. Avec un pareil talisman, il ne redoute ni tribunaux, ni juges, ni procureurs du roi. Mais je ne le crains pas, Messieurs, entre vos mains; il verra que le métal n'a pas d'influence sur la cour de Lyon; elle est connue en général pour son intégrité, son amour pour la justice, et la droiture de ses défenseurs. Vous avez sûrement pris des renseignements sur la moralité de mes principes, qui vous assure la véracité de tout ce que je vous ai fait parvenir, la franchise de mon caractère, et que le défaut de madame Michal est un peu d'originalité, un cœur trop sensible, une imagination un peu ardente; elle tient aux anciens égards qui étaient autrefois prodigués aux pères et aux mères, au mérite, et qui sont regardés aujourd'hui, par la nouvelle France, comme de ridicules abus.

Vous avez vu aussi que je n'ai rien provoqué; j'ai, jusqu'à présent, supporté mes peines et mes chagrins en silence. Dans les premières attaques, je me suis bornée à une légère défense; mais cette magnanimité de conduite, au lieu d'appaiser la rage de mes persécuteurs, l'a davantage excitée; c'est toujours la marque distinctive des méchants. La bonté les anime. Ils ont cherché à humilier mon amour-propre par des calomnies répugnantes; et, à mon âge, personne n'y croira; elle ne serviront qu'à mettre bien à découvert la perfidie de mes persécuteurs. Ils ont espéré, par ce coup inattendu, abattre mon courage, paralyser ma mémoire: non, il n'y a jamais que la vérité qui offense; mon esprit puisera toujours des forces dans mon innocence. J'espère donc, Messieurs, que vous aurez pitié d'une infortunée épouse et mère de soixante-trois ans; que vous rendrez justice à son petit m... te; que, dans votre intégrité, vous rétablirez une réputation que, malgré tou les efforts possibles, l'ambition n'a pu ternir; et que, grace à votre équité, elle n'aura été que froissée.

Pour l'accusation de monsieur Michal de meurtre et de poison, c'est encore une calomnie; voici le fait : Vous avez dû voir dans mes notes, qu'un jour, à minuit, monsieur Michal, après m'avoir dit des injures pendant cinq heures, où je ne lui fis d'autre réponse qu'*ora pronobis*, et vexé de ce que je gardais mon sang froid, il courut fermer la porte à la clé. Dans ma frayeur, je m'échappai par une porte dérobée, qu'il avait oubliée dans sa fureur; alors, il appelle la servante, lui demande une corde pour m'attacher, et me tient avec sa corpulence de taureau. Dans mon désespoir, je lui dis : « Tu sais, Michal, que les injures ne me font rien, parce qu'elles ne tuent pas, mais les coups marquent; si elle s'avise d'apporter une corde, c'est à mon corps défendant; je te lance un coup de pied, tu sais où ?... attrape qui peut; j'aime mieux tuer le diable, que s'il me tue. » Voilà ce qui le contenait souvent dans les accès de sa bile noire : qu'on lui fasse une forte saignée, prendre deux médecines, un fort émétique, et vous reverrez monsieur Michal comme il y a vingt ans, un peu despote, violent par fois, mais non dans une rage folle.

Agréez, Messieurs, je vous prie, les marques de gratitude, d'estime, de considération de celle qui vous devra plus que la vie, en conservant l'honneur de ses petits-enfants et le sien.

Sophie Michal, née Pascal.

MÉMOIRE

DE CE QUI M'EST ARRIVÉ DEPUIS LE 26 JUILLET 1838,

QUE LA COUR M'A DÉLIVRÉE.

J'entrai le même soir chez les Bonnot, maison sanitaire que m'avait désignée la Cour. J'y fus insultée dès le lendemain, vendredi, parce que je faisais maigre; on récidiva le dimanche, me voyant aller à la messe. On doit savoir que cette maison est tenue par madame Bonnot, née Pelletier, dont le père a une pharmacie qu'il tient avec un de ses fils, rue Sirène, et que ce même fils est associé avec sa sœur pour la maison sanitaire sise place des Bernardines, près de La Croix-Rousse.

Deux dames qui y étaient venues prendre l'air et qui en sortaient d'après les insultes qu'on leur faisait, me demandaient qui m'avait enseigné cette maison, vu qu'elle était perdue de réputation, et qu'on l'appelait communément le b...... de La Croix-Rousse. Au bout de deux jours, je vins trouver monsieur Givors, et lui demandai comment il avait pu indiquer une telle maison. Il me répondit : Ma mère a demeuré ou demeure dans la même maison où le père Pelletier a sa pharmacie; je croyais que c'étaient de braves gens. — Je lui répondis : Dans ma triste position, Monsieur, vous ne deviez pas me placer à la légère, mais penser que des gens ainsi diffamés seraient faciles à gagner par mes adversaires; et la preuve, c'est que monsieur Pelletier père m'a dit combien de fois que monsieur Michal allait des deux ou trois fois par jour à sa pharmacie, et lui disait du mal de moi, comme il fait à tout le monde. Il me racontait tout ce que lui disait monsieur Michal, et qu'il lui donnait tort, lui disant : Vous ne pourrez jamais faire interdire

votre épouse, parce que voilà quinze jours qu'elle est chez nous, et nous ne voyons
rien de répréhensible en elle, et tout le monde l'aime dans la maison. — Lorsque
je me présentai chez madame Bonnot, elle me donna une très petite chambre; je
lui en fis l'observation, et de plus, qu'elle était trop triste pour une personne
qui a des chagrins. Elle me promit que lorsqu'il y en aurait une vacante elle
serait pour moi. Je m'aperçus la première nuit qu'il y avait beaucoup de
punaises; et, avec mes malheurs, privée de sommeil, je pris de suite la fièvre.
Huit jours après une pensionnaire, madame Périer, s'en alla et me dit :
Puisque ma chambre vous est destinée, vous y reposerez en paix, parce qu'il n'y
a point d'insectes. — Quelle fût mon inquiétude, lorsque j'en trouvai autant que
dans l'autre. Mes observations à la maîtresse et à la domestique à ce sujet furent
inutiles, et pendant vingt-sept jours je ne pus obtenir qu'on employât les moyens
ordinaires pour les détruire. Je ne concevais pas la réticence de monsieur Givors
pour m'en sortir. Il me disait toujours : Prenez patience, votre affaire passera
avant les vacances ; il ne vaut pas la peine de vous déplacer. — Je lui réitérais ma
plainte tous les deux jours, lui disant que j'étais malade, manquant de sommeil.
Je pris le parti d'avoir une explication avec madame Bonnot, et lui en donnai la
preuve, en lui montrant le matin quinze punaises que j'avais prises la nuit dans
mon lit, et mises dans mon vase.

Elle eut l'air de ne pas faire cas de ce que je lui disais, malgré qu'elle fût
témoin journellement que je ne mangeais pas ; et dans l'après-dînée, la fille
vint dans ma chambre comme une furie, en me disant mille injures et me menaçant de me casser le vase de nuit sur la tête, parce que je m'étais plainte.

Alors je vins chez monsieur Givors lui faire part de ma triste position. Il me
dit : Allez où vous voudrez. — Je vins m'installer au Panier-Fleuri, chez monsieur
d'Albeigne, qu'on m'avait indiqué. Lorsque j'allai chercher mes effets chez madame
Bonnot, je fus insultée par tous les gens de la maison, même la domestique qui vint
m'injurier jusqu'à la porte. J'ai des témoins de ce que j'avance, et au besoin ils com-
paraîtront. Il paraît que monsieur Michal avait influencé toute la maison contre
moi, malgré que je leur eusse donné des preuves de mon bon cœur et de ma générosité. Il crut faire de même au Panier-Fleuri ; en voici la preuve : Quelques jours après
mon entrée dans cette maison, il envoya au café deux va-nu-pieds, qui demandèrent une demi-tasse chacun ; et en la buvant, ils demandèrent à monsieur d'Albeigne
s'il n'avait pas dans son hôtel une femme qui s'appelait Michal ? — Monsieur d'Albeigne, étant instruit de mes malheurs, riposta : Je ne connais pas. — Ils repri-

rent : Vous ne savez donc pas le nom des personnes qui sont chez vous? son mari sait bien qu'elle est ici; elle est folle, il veut la faire interdire. — Alors monsieur d'Albeigue leur riposte : Il n'y a de fou ici que moi; et quand on me dit quelque chose qui ne me convient pas, je prends ma cravache et je les fais passer par la fenêtre, s'ils ne passent la porte! — Ils étaient si bien huppés, que pour payer leur demi-tasse il leur manquait un sou. On voit que monsieur Michal n'engraisse pas les personnes qui lui servent d'espion. Monsieur d'Albeigue me dit aussi, dans le même moment, que deux individus de la même espèce étaient allés au dépôt d'eau minérale de Saint-Alban, à côté de chez lui, chez un nommé monsieur Charles, et lui dirent : — Dans l'hôtel à côté de chez vous, il y a une femme qui est folle, et que son mari veut faire interdire. Il y a aussi dans cet hôtel un domes-tique qui est italien; on dit qu'il lève du coude, qu'il aime à boire; si on lui payait du bon vin, et qu'on lui lâchât la pièce, ne pourrait-on pas lui faire insulter cette femme, puisque, pour la faire interdire, il faudrait qu'elle se mît en colère en lui faisant une frayeur? — Alors monsieur Charles dit : Sortez d'ici, votre langage me déplaît. — Vint de suite monsieur d'Albeigue, qui lui dit : Recommandez bien à cette dame de ne pas sortir seule, et surtout de nuit; car ces hommes ressemblent à des forçats libérés. — J'ai donc été obligée de prendre un homme pour m'accom-pagner, parce que, ma santé ayant été détruite, j'ai besoin de respirer le grand air, de faire de l'exercice, et ensuite pour vaquer à mes affaires.

Un autre jour, voulant aller aux Chartreux pour savoir si monsieur Lavaur, mon directeur, était revenu de mission; une nommée Fergue, qui habite le même hôtel que moi, me proposa de m'accompagner, voulant faire sa connais-sance. En redescendant la Côte, je fus arrêtée par une femme qui a été domes-tique chez monsieur Faivre avec son mari. Elle me demanda une place pour lui, vu que madame Faivre renvoyait une partie de ses domestiques. Pendant ce dia-logue, deux gamins me crachaient sur ma robe par derrière. Une brave femme qui montait la Côte m'en prévint; aussitôt qu'ils s'en aperçurent, ils remontèrent la Côte en courant. Mais une personne qui était à sa croisée, à l'entre-sol, sous laquelle je fus obligée de m'arrêter un quart d'heure pour nettoyer ma robe, me dit qu'elle connaissait le père de ces enfants et qu'elle les ferait corriger. Je lui ré-ponds : « Non, les coups ne corrigent pas; il vaut mieux les humilier, et je vous prie de dire au père qu'il vous les amène vous faire des excuses pour moi; cela les punira davantage, — et la preuve qu'ils étaient payés pour m'insulter, c'est que la dame qui était avec moi, et qui se trouvait du côté du ruisseau, n'a rien eu, et moi j'étais du côté du mur. Ces enfants nous avaient suivies aux Chartreux, parce que, depuis plus de quinze jours, un d'eux, âgé à peu près de quinze ans, avec une blouse en tissu quadrillé lilas, se tenait constamment sur le parvis de Saint-Jean, depuis sept heures du matin jusqu'à huit heures du soir, et je ne sortais pas de l'hôtel sans qu'il fût derrière moi ; il me suivait jusque dans l'église et partout où j'allais. Une fois il me suivit jusque dans la rue Vieille-Monnaie, chez une dame de ma connaissance, une autre fois dans la rue de l'Enfant-qui-pisse, où j'allais chez monsieur Biétrix, qui fut, ainsi qu'une fille qui m'accompagnait, témoin d'une scène que j'ai eue avec lui, relativement à sa conduite et à celle de la domestique, qui s'était vendue à mes ennemis. Les détails en seraient trop minutieux ; mais au besoin je pourrais les rapporter fidèlement, avec des témoignages. Il y avait un mois que ce gamin me poursuivait, quand, un dimanche matin, au moment où j'allais à la messe, j'entends pousser des cris affreux ; j'ouvre ma croisée, je vois un homme âgé, ayant les favoris blancs, en blouse bleue, qui le tenait par l'oreille et le rossait en présence d'une vingtaine de polissons comme lui ; il l'entraîna jusqu'au bout de la place, où je le perdis de vue ; et depuis il n'a pas reparu. Lorsque la Cour me délivra, le 26 juillet 1838, monsieur Givors me dit : Madame Sophie, vous devez vous faire accompagner pour que toutes vos actions soient connues, et pour votre sûreté, parce que monsieur Michal a des espions, et que toutes vos démarches lui sont révélées ; même il en aura parmi des gens sur lesquels vous ne porteriez jamais vos soupçons. —Je n'ai pas été huit jours dans cet hôtel, que, travaillant devant ma fenêtre, un homme très bien mis vint en face de moi, prit son portefeuille, en sortit le crayon et me regarda comme un peintre. Alors je prends mon lorgnon, qui par mon attitude me cachait la figure. Voyant sa persistance, je quittai la place ; et chaque fois que je sortais, je variais mon costume, ce qui fut cause que plusieurs dames furent insultées. Il y a apparence qu'on les prenait pour moi. Une d'elles eut sa robe brûlée avec de l'eau forte. Une autre reçut à la tête une toupie dont le fer fit jaillir le sang, et on l'emporta dans une boutique. Madame Forgue sortant de l'hôtel avec deux dames, une des trois fut seringuée à plusieurs reprises, au point que s'en apercevant, elles se fâchèrent et firent passer ces polissons devant elles. N'ayant pas les moyens de tenir une domestique, je fus obligée de prendre à tant par heure la première personne venue. Tous les deux ou trois jours, j'étais obligée d'en changer : ou elles me quittaient, ou elles m'insultaient, parce qu'aussitôt que les espions de monsieur Michal me voyaient avec quelques-unes dans la rue, j'étais sûre que le lendemain, si elles étaient honnêtes, elles me quittaient; si c'était de la canaille, elles m'insultaient. Témoin un nommé Gauthier, porteur de balle et commissionnaire sur le pont Tilsitt : étant un dimanche à me promener à Bellecour, j'achetai deux ou trois plantes de balsamines; ce jeune homme, âgé d'environ dix-huit ans, s'offrit de me les porter; j'acceptai; il les planta même dans mes caisses. Naturellement généreuse, je le fis dîner. Tout en causant, il me dit qu'il avait perdu sa mère en bas âge, que peu de temps après il avait perdu son père d'une mort subite, qu'il demeurait dans le quartier de Saint-Jean, qu'il avait été élevé à l'école des frères, près de l'église de Saint-Jean, et protégé par mademoiselle Bétemps, nièce d'un chanoine de la cathédrale. Ce jeune homme me dit qu'il désirait se placer domestique, et me fit voir des certificats de bonne conduite. Il me dit aussi qu'il avait un oncle premier domestique à l'établissement orthopédique de Sainte-Foy. Alors je lui dis : « Si ce que vous me dites est vrai, nous irons aux renseignements, et s'ils sont bons, je vous prendrai à mon service. » Nous convînmes des gages. Le lendemain lundi, à huit heures du matin, j'allai avec lui chez mademoiselle Bétemps et lui dis le sujet de ma visite. Elle me répondit : « Vous avez un petit étourdi; mais il a bon cœur, il est instruit, a des moyens, et peut faire son chemin. Il est trop heureux de vous avoir. »

Nullement méfiante, je m'en tins à ce qu'elle m'avait dit et allai faire des commissions avec lui. Le même soir à neuf heures et demi, la dame Forgue vint comme une furibonde me dire qu'elle venait de chez un juge qui défendait que ce jeune homme couchât dans l'hôtel, et qu'il fallait qu'il en sortît de suite. —Malgré le saisissement d'une conduite aussi arbitraire, je lui répondis : « Quand les juges ont quelque chose à me dire, ils doivent s'adresser à moi-même; mais c'est égal, il va sortir, et demain je saurai d'où vient ce tripotage. » Alors je payai ce jeune homme et le congédiai. Il me dit qu'il était un honnête garçon, aussi bien que son oncle, et qu'il ferait comparaître cette femme pour l'insulte qu'elle lui avait faite. La révolution d'une pareille scène me fit porter le sang à la tête et me rendit malade, au point que je fis monter la maîtresse d'hôtel, qui fut obligée de me donner ses soins jusqu'à une heure après minuit, et eut la complaisance de coucher, avec sa fille, dans une chambre voisine de la mienne, pendant quinze jours pour me protéger; et lorsqu'elle fut obligée de la quitter pour y mettre des voyageurs, elle eut la bonté de les prévenir, si on frappait, d'aller l'avertir. Cette dame Forgue m'a toujours inspiré de la méfiance pour sa conduite équivoque à mon égard pendant six mois que j'ai été avec elle aux bains Romains, chez monsieur

Bonnet, et depuis que je suis à l'hôtel. Ce serait trop long de vous en donner les détails, à moins que vous ne l'exigiez; mais de cette scène j'ai été très malade pendant huit jours.

Un jour que j'allais passer le pont du Change, un paquet sous le bras, un décrotteur, nommé Claude, âgé d'environ trente-six ans, s'offrit pour porter mon paquet. Je l'acceptai en convenant de tant par heures. Chemin faisant, il me dit qu'il avait la confiance du débitant de tabac qui demeure en face du pont, du côté du Change, et qu'il avait une médaille. Je lui répondis que si ce qu'il me disait était vrai, je le prendrais pour m'accompagner tous les jours. Après avoir déposé mon paquet dans une maison. Il vint jusque dans la rue Saint-Pierre, chez monsieur Tavernier, où je lui payai sa course et lui dis de revenir le lendemain à l'hôtel pour faire des courses; il arriva plus tôt que je ne l'attendais; pour lui faire prendre patience, je le fis déjeûner. Ensuite j'allai avec lui chez le buraliste, qui me dit : « Madame, il est bête, mais je le crois un brave homme. » Je m'en tins là. De là j'allai avec lui jusque dans la rue Saint-Pierre, où j'entrai chez monsieur Tavernier, et le priai d'attendre à la porte. Lorsque je sortis, au bout de quelques minutes, il n'y était plus. Je me retournai seule chez moi. Après dîner, ayant affaire du même côté, je passai à l'endroit où il se tient, et lui demandai pourquoi il m'avait quitté. Il me répondit par des injures atroces. Je fus de suite au bureau de tabac, où il continua de m'insulter; de sorte que le maître du bureau vint m'accompagner jusqu'en face du pont Séguin, et me dit qu'il ne l'emploierait plus, et qu'il l'amènerait pour me faire des excuses. Un jour que je passais sur la place de l'Herberie, avec une personne, il recommença à m'insulter de nouveau; il vint deux fois à l'hôtel en faire autant.

Peu de jours après, une espèce de monsieur vient sonner à ma porte; j'ouvre, et quand il est entré, je lui demande ce qu'il veut; il me répond qu'il est venu me voir et qu'il se trouve bien, qu'il ne veut pas s'en aller. Vous devez penser que, dans l'indignation, j'eus une altercation très vive avec lui, au point que voyant sa persistance, je pris le parti d'appeler quelqu'un de la maison. Madame d'Albeigue vint; il lui dit que je lui devais vingt sous et ne voulais les lui rendre. J'eus beau dire que c'est un imposteur et que c'est un complot ourdi pour me faire donner de l'argent que je ne dois pas, pour ensuite en tirer les conséquences que je n'avais plus ma tête, il riposta qu'il ne s'en irait pas sans les avoir. Alors madame d'Albeigue lui dit : « Monsieur, je me rends caution pour madame et je suis sûre qu'elle ne vous les doit pas; mais c'est égal, les voilà », et elle le fit en aller. J'aurais beaucoup d'autres faits de cette nature à vous raconter, mais ce serait trop long. Je crois vous en avoir assez dit pour vous prouver que monsieur Michal n'a fait renvoyer cette affaire après les vacances que pour avoir le temps de me faire occasionner des frayeurs et des troubles, dans l'espoir de me porter à l'exaspération, me faire refermer et interdire.

J'oubliais de vous dire que lorsque monsieur Michal vit qu'il ne pouvait pas exercer son influencer sur les personnes de l'hôtel où je demeure, il prit un jugement contre moi pour m'en faire sortir, disant que le nom seul de l'hôtel était diffamé. J'avais rencontré dans la rue Saint-Jean et par hasard monsieur Givors la veille dans la matinée; il était avec des messieurs, je le saluai. Il m'aborda me disant qu'il avait quelque chose à me communiquer. Je lui demandai son heure; il me donna celle de six heures du soir. Je m'y rendis; il me fit attendre jusqu'à huit. En arrivant, il me dit : « Vous allez être condamnée. Monsieur Michal a pris un jugement contre vous pour vous faire sortir de la maison où vous êtes, et c'est demain le dernier jour que la Cour siége; il n'y a pas de temps à perdre. » Je lui réponds : « Comment ne m'avez-vous pas avertie plus tôt? » Il me dit : « Vous êtes à temps d'aller demain de bon matin chez monsieur Jourdan, substitut du procureur du roi, et chez monsieur Piégay, juge, pour empêcher une condamnation.

Je me levai à quatre heures du matin, fis un petit mémoire de quatre pages pour ma justification.

Je leur dis que la maison où j'habitais était de réputation, que monsieur Givors avait indiqué à la Cour celle de madame Bonnot sans prendre des renseignements, vu qu'elle était diffamée par la voix publique; que la Cour ait la complaisance de prendre des informations sur celle où je me suis mise, que je n'en sortirai pas qu'elle ne me prouve que je me sois mal placée. Monsieur Piégay m'engagea à voir monsieur de Vienne, a qui je tins le même langage. Je vins de suite chez monsieur Vincent de Saint-Bonnet, mon avocat, qui était déjà parti pour la campagne. J'allai en dernière ressource chez monsieur Givors, qui venait d'aller à l'audience; un de ses clercs lui porta mon petit mémoire. En voici un fragment :

Vous avez dans votre enceinte des membres qui se sont portés à mon égard à des excès plus que répréhensibles; il n'est pas étonnant que monsieur Michal soit soutenu et protégé par eux. Ma cause est celle de la vertu contre le vice. Le méchant a quelquefois honte de son crime; et pour le cacher à tous les yeux, il cherche à se défaire de sa victime!!! Tel un malfaiteur, au moment de porter sa tête sur l'échafaud, son confesseur l'exhortait à la contrition; le criminel poussa un soupir; le prêtre crut que c'était de repentir, il l'en félicita; le monstre lui répondit : « Oh ! c'est qu'ils étaient quatre; je n'en ai tué que trois, et je regrette que le quatrième m'ait échappé. » Tels sont mes adversaires : ils pensent que dans la maison honnête où je suis, je me soustrairai à leurs piéges et que je serai protégée; voilà pourquoi ils veulent m'en faire sortir!!! Si vous me condamnez, Messieurs, quel exemple pour la postérité et quelle latitude vous laissez au criminel! Il n'y aura plus de sûreté en France. Un ecclésiastique qui commet des forfaits doit être puni plus sévèrement qu'un simple particulier; parce qu'il doit par son état le bon exemple. C'est la même raison pour ceux que nous payons pour punir les coupables et protéger l'opprimé. Les lois sont créées dans ce but; il faut donc des hommes intègres pour les mettre en vigueur, et non des personnes injustes!!! Que dira la postérité quand elle saura ma condamnation, si vous ne me rendez pas justice? Les maisons dites de santé, déjà regorgent de victimes sacrifiées à l'ambition, au libertinage. Un mari y ferme sa vieille épouse, pour s'amuser de sa fortune avec des concubines; un frère, sa sœur, pour être un riche héritier; une mère y met son fils pour favoriser un de ses enfants qu'elle préfère; les enfants y ferment père et mère pour jouir plus tôt de leur héritage, etc. Est-ce qu'un époux, un fils, un frère, un médecin tenant une maison de santé, ne doivent pas être récusés en pareille circonstance? Est-ce qu'on devrait donner l'ordre de fermer une personne sans qu'elle ait été interrogée par des juges intègres, et sans avoir pris des renseignements pour connaître si l'on n'a point donné aux malheureux qu'on veut sacrifier, des drogues pour les porter au délire ? Telle est ma position : on m'en fait prendre pour me faire monter le sang à la tête, d'autres pour me mettre en léthargie. J'ai des témoins de tout ce que je certifie être d'une exacte vérité! Le moment est venu où je dois tout avouer pour mettre mon honneur et ma vie à l'abri des persécutions! J'y suis forcée par la tentative que l'on fait pour me sortir d'une maison honnête, respectable par les gens qui l'habitent, maîtres et pensionnaires, dont j'ai donné les noms et le nombre d'années qu'ils y sont demeurés et qui me protégent!!! C'est là que logent les prêtres qui viennent faire des neuvaines, des retraites, soit à Saint-Jean, soit à Fourvières, et même des évêques.

Monsieur Michal, qui prétend avoir tant soin de moi et me protéger, qui dit que le nom de l'hôtel seul est diffamé, pourquoi en 1836, le 15 février, que je m'échappai de chez les Bonnet aux bains Romains, où j'ai été fermée six mois sans voir ni époux, ni enfants, ni parents, ni connaissances, toute correspondance interceptée, pourquoi, n'ayant point d'appartement libre dans ma maison, vint-il demeurer avec moi à l'hôtel du Midi, rue de la Barre depuis le 1ᵉʳ mars jusqu'au 25 avril, que sa fille, madame Olympe Margot, vint le chercher, et qu'il partit le même jour pour Grenoble?

Certes si monsieur Michal m'a abandonnée pendant plus d'un mois, dans l'hôtel du Midi, de son plein gré; je puis bien rester de ma bonne volonté au Panier-Fleuri; certes le Panier-Fleuri vaut bien l'hôtel du Midi.

Je n'en sortirai pas que la cour n'ait pris des renseignements et qu'elle ne me prouve que je me suis mal placée. Preuve que la cour m'a rendu justice, c'est que je suis toujours au Panier-Fleuri!!!

O infortunée épouse et mère, dans quelle affreuse position t'a-t-on placée!!! toi qui espérais emporter dans la tombe et cacher à tous les yeux de pareils malheurs, et sauver ainsi aux tiens le déshonneur!!! Grand Dieu! protégez-moi et pardonnez leur!!! Voilà pourtant quatre fois qu'on a donné l'ordre à des gendarmes et commissaires de police de me traduire de force dans des maisons de santé, comme aliénée furieuse, sans me voir, sans m'entendre, quoique j'aie écrit chaque fois les détails de mes malheurs; tout a été méprisé.

Ayez donc, Messieurs, pitié d'une malheureuse épouse et mère qui se place sous votre protection et sous celle des lois; elle vous en aura une gratitude éternelle.

Sophie Michal, née Pascal.

Imprim. d'H. BRUNET et C., gr. rue Ste-Catherine, n. 11.

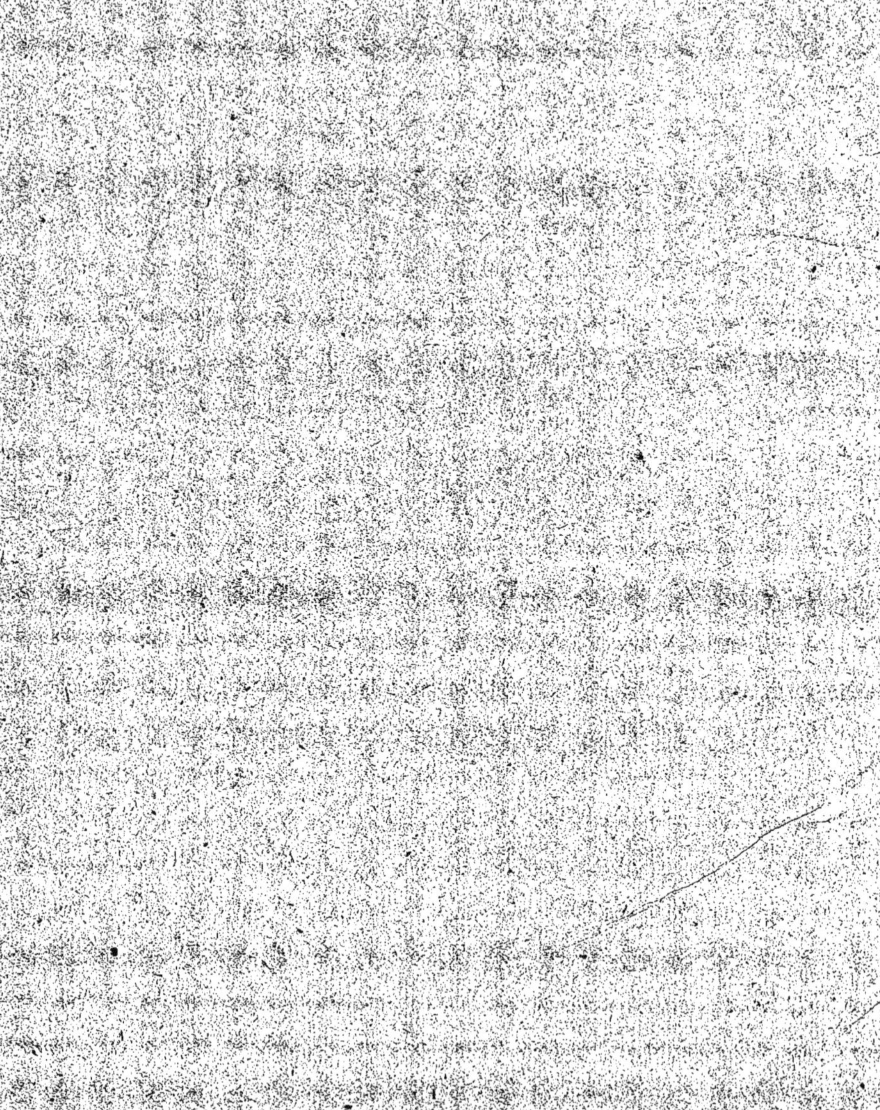